Jock Brocas

El libro de los seis Anillos

Secretos del guerrero espiritual

Traducción del inglés de Miquel Portillo

editorial Kairós

Título original: THE BOOK OF SIX RINGS: Secrets of the Spiritual Warrior, by Jock Brocas

©2011 Periplus Editions (HK) Ltd.
© de la edición en castellano:
  2012 by Editorial Kairós, S.A.
  Numancia 117-121, 08029 Barcelona, España
  www.editorialkairos.com

Fotocomposición: Grafime. Mallorca, 1. 08014 Barcelona
Diseño cubierta: Katrien van Steen
Impresión y encuadernación: Índice. Fluvià, 81-87. 08019 Barcelona
© **de la traducción del inglés:** Miguel Portillo
Revisión: Alicia Conde

Primera edición: Mayo 2012
ISBN: 978-84-9988-138-6
Depósito legal: B 12.510-2012

Este libro ha sido impreso con papel certificado FSC, proviene de fuentes
respetuosas con la sociedad y el medio ambiente y cuenta con los
requisitos necesarios para ser considerado un "libro amigo de los bosques".

Dedicatoria

Este libro está dedicado a Jo, mi esposa y mi alma gemela, sin la cual no habría llegado hasta aquí. Es mi mejor amiga, mi sostén y mi inspiración.

También dedico este libro a mis propios estudiantes y amigos, a quienes han estado a mi lado en momentos difíciles y que han superado sus propias dificultades. Se lo dedico a todos los estudiantes del camino marcial, para que puedan descubrir su verdadero sendero entre la confusión de una vida tempestuosa.

Mi amigo Andrew Beattie merece una mención especial, pues sin su apoyo, orientación y patadas en el culo, me faltaría formación y conocimientos; gracias también a Papasan.

A aquellos que disfrutan con el sufrimiento ajeno, que atacan sin justificación y actúan a través del ego: la ley es perfecta en su manera de operar y el karma es realmente un precio muy elevado. La ignorancia no os protege y al final hay que pagar todas las deudas. Recorred el camino del perdón y la compasión y sed útiles a la humanidad.

Sumario

Sobre este libro

La única razón por la que he escrito este libro ha sido porque quería ayudar a recorrer su camino en su arte a quienes han elegido crecer en mente, cuerpo y alma. No me considero al mismo nivel que los grandes guerreros y filósofos que me han precedido, y no pretendo compararme con ellos. He cometido mis errores en la vida y aprendido de las oportunidades desaprovechadas. Mis dotes son las adecuadas y mi conocimiento es profundo en lo relativo a la verdad espiritual: eso es lo que ofrezco.

Soy un hombre sencillo que ha despertado. Aunque sigo siendo un buscador de la verdad, te ofrezco mi escaso conocimiento como un regalo que pudiera mejorar tu vida. Este libro es para todo el mundo, y no está limitado a aquellos que recorren el camino marcial. Las lecciones que contiene pueden aplicarse en todas las áreas de la vida.

Este libro esta escrito sin prejuicios previos, y por ello te pido que aprendas a no juzgar a no ser que quieras ser juzgado. Recuerda: la vida es un viaje de autodescubrimiento, y tú eres el artista que pinta tu propio cuadro, así que no intentes pintar el de nadie más. Deja que las leyes espirituales –que nos gobiernan, independientemente del credo, la raza o las creencias– operen en perfecta armonía con tu destino en el camino que has elegido.

Este libro es tu guía para comprender los sentidos intuitivos que radican en tu desarrollo en el *budo,* en otras artes marciales o en la vida en general. Aprenderás exactamente qué significa utilizar la intuición, no sólo en situaciones de combate, sino también en la vida. Para ser un auténtico guerrero y aprender los modos de antaño, debes contar con un corazón puro (*kokoro*) y actuar primero en beneficio de los demás y sólo en último lugar en el tuyo propio: eso es prestar servicio de manera desinteresada. La incapacidad para comprender esta verdad es la causa de que tantas personas no lleguen a penetrar la esencia del *budo*, y de que vivan en la esfera del materialismo sin llegar a comprender lo que anhela el espíritu.

El camino del guerrero espiritual no es fácil, y las recompensas son escasas; no obstante, su belleza puede llegar a disfrutarse si se mira con los ojos del espíritu.

Jock Brocas
www.bookofsixrings.com

Introducción

Era un domingo de septiembre, y yo me encontraba en Japón, lejos de mi hogar en Escocia. Me dolía tanto la espalda a causa del viaje que apenas podía andar, ni siquiera tras un par de días de recuperación. No obstante, mi maestro dijo:

–Levántate y muévete… Estás practicando.

Nos dirigimos a Noda, y al entrar en el *dojo hombu* observé a afiliados de otros países que hablaban entre sí. Decían:

–Me han dicho que hay un médium vidente por aquí. ¿Quién será y dónde estará?

Alguien ya había difundido rumores sobre mi visita, aunque nadie sospechaba que yo era el objeto de su curiosidad. Me senté en el suelo del *dojo*, con el corazón y la mente desbocados, a un millón de millas por hora. Mientras me ponía las *tabi*, volví a escuchar que decían:

–No creo en esa basura. Es todo un timo. ¿Dónde está, está por aquí? Que alguien le señale.

Como di un respingo, la persona sentada a mi lado se imaginó mi secreto. Fue un alivio que se mostrase tan considerada como para guardarse la información para sí por el momento.

Pensé: «Dios mío, ¿en qué me he metido? En menos de una hora tengo que pasar por la prueba *Godan*». Al imaginar que podía convertirme en el hazmerreír general de ser el único médium vidente profesional que intentase pasar ese test de intuición y *suspendiese*, me sumergí en un mar de dudas. Aumentaron los pensamientos contraproducentes y mentalmente me sentí ya derrotado. Decidí que en esta ocasión prescindiría del test. Al incorporarme para arreglarme, cambió la atmósfera a mi alrededor y mi coronilla (el *chakra* más importante, justo encima de la cabeza, una puerta espiritual) saltó girando: en el *dojo* entró Hatsumi, sonriendo, con su aura como un rayo de magnificencia y repleto de vitalidad. Su cabello, aunque lleno de color, imitaba al *chakra* superior por encima de su cabeza y sentí de inmediato que había penetrado en su personalidad interior. Saludó cordialmente a los presentes y mientras entraba en la sala me observó en una esquina. Me miró directamente a los ojos y sonrió, ofreciendo una amable reverencia antes de marcharse con una sensación de reconocimiento en el corazón. Intuitivamente sentí que Hatsumi era cien por cien vidente. Estoy acostumbrado a ser el único en los grupos que está "sintonizado", pero ese día, el más sintonizado era Hatsumi. Supo al instante quién era yo, bien gracias al reconocimiento de la vibración o a sus sentidos intuitivos.

Ese día hubo un entrenamiento muy intenso, y Hatsumi continuó atrayendo mi interés. Luego llegó el momento:

–¿Hay alguien que vaya a pasar el *Godan*?

No me atreví a rebullir, pero mi buen amigo y profesor Andrew me puso la mano en el hombro, como diciendo: «Aprenderás algo si estás presente». Me empujó hacia delante con sonrisa maliciosa, haciendo que tropezase y me adelantase. No me quedó más opción que avanzar, aunque me daba cuenta de que no estaba preparado y de que me sentía muy nervioso. ¡Si hubiera podido esperar unos días más! Mentalmente estaba poniendo verde a Andrew, aunque de manera divertida. Yo sentía que no estaba preparado, pero él había demostrado tener fe en mí. Era el último de la cola de los que intentarían pasar la prueba. Mientras aguardaba mi turno presencié un fracaso tras otro.

Temblaba literalmente sobre mis *tabi* cuando Hatsumi decidió por las buenas cambiar a la persona que iba a impartir la prueba:

–Duncan, golpea.

Me sentí aliviado porque tenía una conexión mejor con Duncan que con el *shihan* que golpeara antes que él. Observé nuestra incompatibilidad gracias a su aura. No se trataba, de ninguna manera, de una cuestión personal, sólo de una incapacidad para conectar a nivel vibracional. Estaba claro que esa frustrante falta de conexión podría hacerme fallar. El *shihan* elegido se hallaba por detrás de mí y yo me preparé para armonizarme, a la vez que agradecía a mi guía Ellie que estuviera allí, con la esperanza de que me hiciese saber cuándo debía moverme gritándome al oído cuando llegase el momento. Sentí un empujoncito, un cambio de vibración en mi aura, pero no lo suficientemente intenso, y tampoco escuché voces que me dijesen que me moviese. Por lo general, oigo esas voces con mucha claridad. Mi estado nervioso hacía que me sintiese agitado, pero cuando acabó llegando el corte, reaccioné demasiado tarde. Hatsumi detuvo la clase y empezó a enseñar acerca del test *Sakki* y de cómo había que administrarlo. Mike, que traducía, dijo: «Puede ver. *Sensei* dice que te relajes, que puede ver que *tú* puedes ver. Relájate y pasarás la prueba».

El *sensei* habló sobre la prueba y por qué es importante para aprender cómo enviar la intención y no sólo sentirla, y por qué la prueba es tanto para el receptor *como* para el administrador. Se trataba, claro está, de *kuden* (transmisión oral) entre Soke y el que da el golpe, un tipo de lección que se transmitía telepáticamente, por decirlo de alguna manera. Tal y como se le había dicho, el *shihan* elegido se concentró más en su intención, en ese espacio entre la vida y la muerte. El *shihan* golpeó y lo siguiente que sentí fue un impetuoso movimiento de energía más bien desagradable, que me obligó a apartar el cuerpo de su camino… Y todo el mundo aplaudió. No entendí el porqué del aplauso; sentía que había vuelto a fallar, ¡pero los presentes aplaudían! Esta experiencia era distinta a mis habituales experiencias videntes o espirituales y me quedé contemplando las diferencias: no había escuchado ninguna de las voces de costumbre y no experimenté ninguna clarividencia. Sólo un intenso conocimiento (clarisapiencia). Fui el único que pasó el test aquel día.

No sé si te lo creerás, pero opino que este test es psíquico, un test de intuición que te devuelve a tus raíces para que reconozcas conscientemente quién eres. Algunos pasan, otros fracasan, y sólo el propio *sensei* sabe quién ha comprendido realmente el camino y ha pasado de verdad. Incluso el día de mi test, que acabo de describir, Soke habló acerca de sentir en el aura y moverse intuitivamente, tal y como enseñara en el *dojo*. Creo que la mayoría de quienes presenciaron el test *Godan* no reconocen las raíces psíquicas o videntes de este test, y cuando practican, se pierden…, y *sensei* lo sabe. Los pocos que comprenden cuentan con ese conocimiento interno: una sensación de plenitud.

El talento vidente es excepcionalmente predominante en el *budo* (artes marciales) y es un producto secundario natural de la práctica para aquel que le abra su corazón. Yo soy vidente: lo comprendo. *Tú* también eres vidente, y tanto si te sientes escéptico como si no al respecto, este libro pretende mostrarte la realidad de esta verdad: todos somos videntes de nacimiento y esas aptitudes son innatas. Los estudiantes de *budo* pueden desarrollar esa capacidad para avanzar por el camino de las artes marciales y aprender a vivir una vida repleta de felicidad, abundante y dichosa.

He escrito este libro con el corazón y dispuesto a compartir, de manera que puedas comprender mejor tu sentido vidente e integrar esa asombrosa capacidad en tu entrenamiento. Sean las que sean tus experiencias y oportunidades perdidas en la vida, no te será posible cambiar lo que eres: un espíritu que tiene una experiencia humana.

El día de mi prueba *Godan*, Soka me hizo un regalo: un nombre y una imagen. Me llamó "Shingan" ("visión divina" u "ojos de dios"). Este regalo es sencillo, pero significa mucho para mí. No se trata tanto del nombre como de la encarnación de quién soy y quién creo que eres tú. En el templo, Soke también me ofreció una pequeña talla de madera representando al espíritu de los truenos y relámpagos, en la que inscribió el mismo nombre. Apreciaría para siempre esa pequeña imagen de madera que llevaba el nombre *shinshin shingan*.

Tras pasar la prueba *Godan*, me reuní con Nagato *Sensei* durante su clase y hablamos sobre la intuición y el mundo del espíritu (para consternación de aquellos con escasa o nula comprensión de ese concepto, que esperaban impacientes empezar a entrenar). Nagato me habló (a través de Tim Harrington, que traducía) de una época en que Soke enseñaba sobre esas habilidades especiales y sobre cómo a Takamatsu *Sensei* le pidió la policía en una ocasión que les ayudase en una rueda de reconocimiento. Había sucedido un asesinato y Takamatsu era famoso por sus capacidades especiales. Recorrió arriba y abajo la rueda de reconocimiento y observó a todos los sospechosos. Por ello pudo identificar correctamente al asesino. Sé cómo lo hizo, y la verdad es que no se trata de un truco de salón.

No voy a enseñarte aquí cómo identificar asesinos o solucionar casos de personas desaparecidas. Mejor dejar esas actividades a los profesionales. No obstante, sí que te enseñaré a armonizarte con tus sentidos psíquicos y a adaptar tus estudios al arte que hayas elegido. Te enseñaré cómo vivir una vida dichosa y cómo realizar sabias elecciones vitales. Te ayudaré a dar sentido a esas pequeñas experiencias paranormales que pudieras haber presenciado y, sobre todo –si eres escéptico–, espero ofrecerte algo en qué pensar. Independientemente de las condiciones, es muy fácil burlarse de lo que no entendemos, y los hay que disfrutan con las desgracias de los demás, pero esas reacciones son contraproducentes e impiden aprehender los conceptos que presento en las siguientes páginas. Pero ha llegado el momento de que abras tu corazón (*kokoro*), pues sólo es posible reconocer al guerrero espiritual interior desde un corazón sincero. El *budo* no trata sólo de pelear; trata de vivir y ver más allá del mundo material. La verdadera marcialidad empieza con la compasión

El Primer Anillo

El ninja y el talento para la videncia

«La percepción es intensa, la vista débil.»

MIYAMOTO MUSASHI, *El libro de los cinco anillos*

En la sociedad convencional existe el convencimiento de que los artistas marciales pueden desarrollar capacidades que parecen desafiar cualquier explicación. A pesar de ello, también existe una inclinación a intentar rechazar lo que no puede captarse con los "cinco sentidos" o demostrarse mediante métodos científicos tradicionales.* Sin embargo, empieza a emerger una

---

* La incredulidad también es producto del miedo a la condenación alimentado por las creencias o dogmas erróneos que existen en las religiones. La consciencia de la religión es en realidad una réplica exacta del vacío que intentamos alcanzar cuando estudiamos el *budo*, y por lo tanto mantiene una correlación directa con la vida. Sin embargo, es necesario entender que el *budo* no es una religión, como tampoco lo es el Bujinkan (la organización internacional de artes marciales presidida por Masaaki Hatsumi, en Japón). El *budo* es una manera de vivir, de convertirse en el guerrero interior y en el guerrero espiritual exterior.

nueva escuela de pensamiento, y las barreras de la incredulidad están comenzando a desaparecer lentamente. La humanidad empieza poco a poco a darse cuenta de que existe una correlación entre ciencia y espiritualidad. Es posible deducir que esa misma ciencia puede hallarse en el interior del camino marcial. De hecho, la división entre la ciencia del *budo* y su espiritualidad asociada es un velo extremadamente tenue, que con la adecuada comprensión y formación acaba atravesándose. Tanto si crees como si no en el sexto sentido (intuición), lo cierto es que *está* ahí, y ésa es la realidad: ¡acabará obligándote a reconocerlo cuando menos te lo esperes! Pudiera incluso salvarte la vida –inconscientemente– a ti mismo o a quienes te rodean. Mi buen amigo Ed Martin, también conocido como Papasan (o Abuelo, como yo lo llamo), tuvo esta experiencia, que tal vez incluya todo lo tocante al respecto.

«Sigo vivo porque escuché una voz que me hablaba claramente desde el interior de mi cabeza. Me explicaré. Hará unos ocho años empecé a correr en bicicleta seis kilómetros cada día que pasaba en casa. En una ocasión, en el verano de 2000, salí para llevar a cabo esa rutina diaria y ya me encontraba a casi un kilómetro de casa. Pedaleaba ascendiendo una pequeña elevación y empezaba a respirar con dificultad cuando una voz empezó a hablarme en la cabeza. Dijo: "Ed, baja de esa bicicleta o te caerás". Me eché a un lado y me bajé de la bicicleta. Lo siguiente que me dijo aquella voz fue: "Ed, échate o te caerás". Me tendí sobre la hierba y recuerdo haber aflojado la hebilla del casco… Y eso es todo.

»Lo siguiente que recuerdo es que una pareja había aparcado su coche y se acercaban por la hierba en mi dirección. Me preguntaron si me encontraba bien. En ese momento mi mente estaba clara y nítida, pero mi cuerpo se sentía demasiado débil para incorporarse. Ni siquiera me enteré de que me había desmayado hasta que me di cuenta de que se me habían soltado los intestinos y que me había ensuciado. Llamaron a mi esposa y al servicio de urgencias, que llegaron con rapidez. Para entonces ya me pude incorporar, así que, tras ir primero a casa para asearme, me dirigí al hospital.

»Resultó que el diámetro de la válvula de mi aorta se había cerrado un 6/10 de centímetro (con respecto a la abertura normal de un par de centímetros). Sólo recibía una fracción de la sangre vital que debería recorrer mi cuerpo y mi cerebro. Estaba padeciendo una carencia de oxígeno, y de no haber escuchado aquella "voz", habría muerto allí mismo, en la calle. Cualquiera que haya tenido una experiencia parecida deja de dudar de la existencia de esos sentidos. Sería una estupidez hacerlo. En cuanto a los demás, es mucho mejor mantener una actitud de "suspensión de la incredulidad" que negarse a aceptar esa posibilidad. Les animo a mantener la mente abierta.»

ED MARTIN (Shihan)
Kudan Bujinkan *Ninjutsu*

Recuerdo haber visto de niño todas esas películas de *ninjas* y artes marciales, y sobre todo imaginar los poderes sobrenaturales que se suponía que poseían los *ninjas* e incluso los maestros de kung-fu: capacidades como sentir el peligro, un aumento de energía y fuerza y controlar las mentes de los oponentes durante los combates. Aunque fui vidente natural de nacimiento, nunca consideré lo que yo podía hacer como algo "sobrenatural", y en lo que a mí respecta, lo paranormal *es* normal. De niño anhelaba ser un *ninja* o un maestro de kung-fu y desarrollar esos superpoderes, para disgusto de mi madre. Al igual que cualquier otro niño, solía ir por ahí tratando de emular lo que hacían los *ninjas* de las películas. Mi madre tenía algunas monedas de colección muy caras que yo me empeñé en lanzar a lo lejos como si fuesen *shuriken ninjas*, además de destruir muchas de las herramientas de jardín de mi madre, utilizándolas "en batallas". Supongo que debería pedirle cuentas a Hollywood.

Sí, los *ninjas* poseen capacidades especiales, pero no son distintos de cualquier otro dedicado maestro de artes marciales, o de no importa quién. Los *ninjas* simplemente eran conscientes de la naturaleza y totalidad del universo. Desarrollaron su intuición a través del estudio de la naturaleza y las prácticas meditativas, un estudio que siguen realizando en la actualidad. Sigo siendo un niño en el fondo de mi corazón, pero ahora sé que el auténtico camino es un viaje de autodescubrimiento y no una técnica: se trata de percibir la belleza de una flor y no sólo la flor. La percepción del *kosshi* o "esencia de la vida" es ver más allá del plano físico de la existencia. Dejarse atrapar en una técnica nos mantiene prisioneros del pensamiento racional, con lo que sólo podemos operar de modo racionalista.

Sé que con dedicación y entendimiento es posible desarrollar los sentidos intuitivos, mediante la práctica, la meditación y lo que Hatsumi denomina *kokoro* ("corazón") o *kyojitsu* ("verdad/falsedad").

En la cultura japonesa, los *ninjas* (en principio conocidos como *shinobi* o *shinobi-no-mono*) se convirtieron en guerreros legendarios, famosos por sus habilidades nada comunes, pero menos a causa de su espiritualidad. Pronuncia la palabra "*ninja*" y muchas personas te contarán historias relativas a los mismos de acuerdo con su comprensión y a lo que pretenden saber o a su propia percepción de la cuestión. Una definición común de *ninja* sería: «Un supersamurái experto en espiar, en asesinar y en el arte de la ocultación». No es una definición sorprendente, pues a los *ninjas* se los presenta muy a menudo como guerreros siniestros, enfundados de negro y expertos en ocultación y en guerra de guerrillas. Esta imagen no puede estar más alejada de la realidad.

Por desgracia, esta confusión sigue siendo válida para muchas personas. He recibido a varias de ellas en mi *dojo* que pretendían entrar a formar parte del mismo y que tuve que rechazar porque su comprensión estaba empapada de fantasía y misticismo. He dejado de impartir clases de manera regular, y ya no mantengo la misma política de puertas abiertas. Sólo acepto estudiantes personales que sienten deseos de crecer y desarrollarse verdaderamente. Supongo que viene muy bien ser vidente en este caso, pues puedo identificar el anhelo en el interior del espíritu de la persona y tomar una decisión basándome en ello, en lugar de en la apariencia de esa persona. No es correcto juzgar sin evidencias, y debemos poder percibir el espíritu, en lugar de únicamente el ser físico. Al hacerlo de este modo, estoy ofreciendo las llaves de las puertas que se abren al cambio, y elegirlas ya sólo depende del libre albedrío de cada uno.

Eso no significa que no me las haya tenido que ver con muchos soñadores y "cazafantasmas". Recuerdo haber entrado en una clase nueva y que mi ayudante me comentase que había aparecido «todo un personaje», enarcando un poco sus cejas en dirección del "fenómeno". Enseguida supe de quién se trataba. Al acercarme a esa persona vi a un joven vestido de negro, como un siniestro asesino (o al menos eso creía él), y casi me orino encima tratando de evitar reírme, ante la ridícula visión que tenía ante mí. Le conduje al despacho donde llevaba a cabo las entrevistas y le pregunté, cortésmente, por qué quería entrenarse con nosotros. Me dijo que quería aprender el arte de los asesinos y cómo desaparecer. No queriendo desencantarle, le aconsejé que se dirigiese a otro centro, en la misma calle.

En otra ocasión me encontré delante de un tipo flaco de estética gótica, con unas larguísimas uñas negras, sombra de ojos y lápiz de labios negro. No me gustó su energía, así de entrada, y fue algo que se confirmó cuando hablé con él:

–¿Cómo te llamas? –le pregunté.

–El Príncipe de las Tinieblas –contestó.

Mi decisión estaba tomada. Le dije que probase con otro arte o que descubriese su expresión creativa en otro lugar.

En la vida nos encontramos con todo tipo de personas, y algunas pueden ir muy perdidas. Es importante discernir con rapidez y precisión entre lo correcto y lo erróneo, entre el bien y el mal. Aunque alguien parezca, en principio, "problemático", pudiera muy bien esconder un buen corazón. Determinar qué tipo de persona tenemos delante nos ofrece la oportunidad de utilizar nuestra capacidad intuitiva natural. Steve llegó un día a mi *dojo*, proyectando la imagen de "chico malo", cuyo aura hablaba de una historia de dificultades, desesperación y dolor. Gozo de muy buena reputación con las fuerzas del orden y he entrenado a muchos de sus agentes, por lo que uno de ellos me contó que el historial de Steve era "tan largo como su brazo", viniendo a decir que podría representar un peligro para el *dojo*. Además, tenía problemas para controlar la cólera. El agente estaba seguro de que usaría su entrenamiento para cometer fechorías. Hablé un rato con Steve y gracias a la videncia pude ver que el joven sufría una pérdida acusada. Lo supe por la manera en que los espíritus de miembros de su familia fallecidos –sobre todo su hermano, que había muerto de sobredosis– habían "surgido" durante nuestra conversación para percatarse de qué estaba pasando. Pude ver –por videncia– que el joven tenía deseos de cambiar su vida y que su personalidad arisca no era sino el producto derivado de un entorno e influencias negativas más allá de su control. Decidí darle una oportunidad. Me encantaría decir que este cuento tuvo un final feliz, pero no es así. Steve entrenó con nosotros durante un tiempo y se convirtió en un estudiante respetuoso, pero la presión ejercida por ciertos elementos de las fuerzas del orden no le permitió continuar. A veces, las personas que tienen poder desconocen la diferencia entre compasión y comprensión. No obstante, lo que sí puedo afirmar es que en algún lugar de Escocia vive cierto joven, un antiguo camorrista, con un hijo recién nacido y una esposa. Desde que nos conocimos ha dejado de meterse en problemas, a pesar de no ser apto para entrenar. De vez en cuando sigo teniendo noticias de él. Aunque antaño fuera un escéptico, ahora se siente feliz de que su familia apareciese –en espíritu– para "saludar". De nuestro desdichado primer encuentro dice lo siguiente: «La charla que me diste esa primera noche cambió mi vida. Antes de que nos conociéramos no sabía qué era ser un guerrero». Podía haber pasado por alto o ignorado mis vibraciones y tal vez hacer que aquel joven aprendiese algunas lecciones difíciles en la cárcel. Pero en lugar de ello, a pesar del poco tiempo que pasamos entrenando juntos, fue lo suficientemente intenso para dirigirle en una nueva dirección. Y todo porque ignoré la opinión general y seguí mi propia intuición.

Un apunte final antes de seguir adelante: el carácter japonés *nin* puede traducirse de muchas maneras, pero por lo general se lo reconoce como "el arte del sigilo" (también traducido como *shinobi*). Algunos de los otros significados son *perseverancia, resistencia* y *capacidad de tolerancia*. El *ninja* y otros muchos maestros de *budo* soportaron muchas dificultades físicas. Sin embargo, más importante todavía es la manera en que soportaron las dificultades *espirituales* y también el ser capaces de aprender una enorme sabiduría a partir del orden natural del universo.

Breve historia del *ninjutsu*

Son muchas las conjeturas que rodean la historia de los *ninjas*. Muchos estudiosos han intentado comprender esa historia. Se han escrito libros, y los detalles de los relatos sobre ellos varían según la perspectiva particular de los autores. Otro factor que tiende a enturbiar el tema es el elevado número de clanes que pretendieron haber enseñando *ninjutsu* tradicional o contar con un linaje que demuestre tal cosa.

Los humildes inicios del *ninjutsu* tienen su principio en las clases samuráis y se desarrollaron a lo largo de muchos años. El linaje se remonta a más de 1.000 años y las evidencias sugieren que dicho arte podría haberse originado incluso hace más de 4.300 años, lo que convierte el *ninjutsu* en una de las artes marciales más antiguas (si no en la más) todavía vivas. Utilizo la palabra "vivas" con cierta autoridad, pues el *ninjutsu* continúa evolucionando hoy en día.

Existen nueve escuelas de *ninjutsu*, cada una con su propia historia y linaje. El sistema Bujinkan comprende esas nueve escuelas. Sin embargo, corren rumores de que pudieran haber más de nueve, y que hay tradiciones que se mantienen en secreto intencionadamente. Tal vez sea cierto, o tal vez no, pero lo que es seguro es que esa posibilidad alimenta las especulaciones. He enumerado las escuelas comúnmente aceptadas y elegido no reparar en sus historias particulares, pues eso iría más allá del alcance de este volumen. Si deseas conocer la historia de las escuelas individuales, investiga la excelente literatura disponible sobre el tema.

Las nueve escuelas son las siguientes:*

- Togakure Ryu *Ninjutsu*.
- Gyokko Ryu Koshijutsu.
- Koto Ryu Koppojutsu.
- Shinden Fudo Ryu Dakentaijutsu.
- Kukishin Ryu Happo Hikenjutsu.
- Takagi Yoshin Ryu Jutaijutsu.
- Kumogakure Ryu *Ninjutsu*.
- Gyokushin Ryu *Ninjutsu*.
- Gikan Ryu Koppo Taijutsu.

La videncia en las artes marciales y el *budo*

La facultad de la videncia en las artes marciales ha existido siempre, pero se la ha conocido y etiquetado con distintos nombres, como: percepción, *sakki, mu* y otros muchos. Lo importante es señalar que la videncia o intuición natural, puede

---

*   Adaptado de *Ninjutsu: History and Traditions*, de Masaaki Hatsumi.

considerarse como un subproducto del estudio de los sistemas antiguos, y también es necesario aceptar que no es el único *sistema*, como tampoco la religión es el único camino. Lo mismo podría decirse de actividades o estudios ajenos a las competencias del camino marcial. Por ejemplo, puede realizarse el mismo tipo de iluminación a través de una dedicación absoluta a otro camino particular. La correlación es la siguiente: todo camino conduce finalmente al mismo sitio.

La importancia de ser capaz de sentir el peligro en las artes marciales no es sólo útil de cara a la supervivencia, sino para evitar las lesiones y los actos malvados. No obstante, el estudiante que recorre el camino del *budo* suele pasar por alto esta importante faceta de la formación, aferrándose a la mentalidad de aprender técnica tras técnica, de modo mecánico, desarrollando así únicamente el ser físico, en detrimento del espiritual. Otros muchos maestros con los que he hablado sostienen que el entrenamiento físico ayuda a desarrollar la percepción sensorial o a alcanzar elevados niveles de atención consciente. Por desgracia, no puedo asentir. Por sí mismo, el entrenamiento físico sólo fomentará elevados niveles de consciencia en la esfera física, pero no en la espiritual. Para ello deben estar presentes todas las facetas de mente, cuerpo y alma. De este modo podremos trascender la percepción material.

Hatsumi solía decir: «Las técnicas carecen de importancia. Si tu intuición no funciona acabarás muerto». Podría parecer una afirmación exagerada, pero lo que hace es señalar la importancia de desarrollar la intuición para mejorar en el arte o *budo* de tu elección.

Permite que explique –utilizando términos laicos– cómo puedes utilizar la orientación intuitiva en el marco de la formación en las artes marciales. Cualquier instructor de artes marciales puede enseñarte las bases fundamentales de *reaccionar* a un ataque. Sin embargo, es mucho más eficaz *anticiparse* al ataque haciendo caso a tu sentido intuitivo. Mientras se inicia un ataque suceden dos cosas: primera, que el atacante manifestará el pensamiento que conscientemente le impele a atacar. Una vez manifestado el pensamiento, un impulso nervioso recorrerá su cuerpo, dando como resultado el movimiento físico. Considera la siguiente tesis; utilizando tus sentidos intuitivos innatos, puedes anticipar el movimiento al sintonizar con la energía del pensamiento del agresor, o, como diría Hatsumi y también otros maestros de *budo*, "la intención". De este modo tu cuerpo reaccionará subconscientemente, sin tener que esperar la manifestación consciente de todos los elementos externos del ataque en sí.

Malentender el *ninjutsu*

En la actualidad, el *ninjutsu*, e incluso el *budo*, parecen malentenderse a varios niveles. Para darse cuenta, no hay más que realizar una breve incursión por Internet y observar la confusión reinante por uno mismo. Encontrarás mucha información contradictoria y multitud de discusiones, junto con ataques personales contra estudiantes y profesores a cargo de individuos espiritualmente débiles y desinformados. Muchos estudiantes de artes marciales suelen burlarse de lo que no comprenden. Pero me pregunto: ¿cómo es que son tantos los artistas marciales consumados que investigan sobre el *budo* y van a parar al enlace "erróneo"? Debe existir una razón para ello. He estudiado otras artes, pero he descubierto que tradicionalmente ninguna de ellas abarca los aspectos de mente, cuerpo y espíritu de manera íntegra, como sucede en el *budo*. Claro está, siempre están ahí las tradiciones de espiritualidad de las otras artes, pero siempre falta un componente: un profesor que comprenda la espiritualidad no sólo en teoría sino en su aplicación en la vida cotidiana. Son muchos los profesores ineptos a los que me gustaría nombrar aquí, pero no creo que fuese lo adecuado y además no iría con mi naturaleza, así que dejaré que la ley natural siga su curso inevitable.

Son mucho más abundantes los beneficios que se obtienen al iniciar el periplo del *budo* que al hacerlo con cualquier otro camino que pudieras elegir. Como ves, yo también soy parcial al escribir esto. Sin embargo, la espiritualidad individual se entiende a través de la experiencia y no de la teoría. Te desarrollarás espiritualmente sin darte cuenta, te irás tornando más sensible a la energía y el movimiento en la técnica que elijas, desarrollándote. El proceso sería algo parecido a la manera en que una semilla muy pequeña se va desarrollando hasta convertirse en un árbol bien recio, siempre y cuando se hallen presentes todos los recursos necesarios.

Suelo pedir a los estudiantes que se han formado conmigo durante un tiempo que elijan un bonsái u otra planta hacia la que se sientan atraídos. Prefiero el bonsái porque representa todo lo que es la totalidad del universo: es vida, es energía impermanente y las raíces necesitan crecer. Cuando están presentes los nutrientes y las condiciones adecuadas, crecerá hasta convertirse en un árbol recio, con profundas raíces y una vibrante energía vital. Con toda seguridad, ése es el objeto de nuestra formación en el *budo*. El árbol refleja la *kosshi* (esencia) del *budo*, incluyendo *Sanshin no Kata* (cinco formas de movimiento elementales) y *Kihon Happo* (ocho métodos básicos de lidiar con ataques). *Sanshin* representa los elementos, si te parece mejor, o las condiciones requeridas, y *Kihon* podría comprenderse como las raíces de tu *budo*. Uno necesita del otro para existir y mantener el equilibrio. Suelo comparar esos elementos en nuestra formación, y les digo a los estudiantes que el árbol representa la vida, y al igual que ocurre con las técnicas tan básicas del *Kijon Sanpo*, si lo cuidamos con cariño y reconocemos su poder etéreo a la vez que le suministramos todos los nutrientes necesarios, se tornará robusto y desarrollará fuertes raíces, que le proporcionarán una base firme. Eso es exactamente lo que sucede en el *budo*: cuando iniciamos nuestro desarrollo, somos meros plantones y necesitamos ser alimentados con los nutrientes adecuados para hacernos fuertes y que nuestra búsqueda rinda frutos. Si no nos ocupamos del árbol con cariño, empatía y comprensión acerca de su naturaleza, morirá. Eso también sucede con nuestra comprensión del *budo* y la auténtica naturaleza de las artes marciales.

En el mundo moderno nos vemos enfrentados a la bastardización de la tradición, sacrificada en el altar del deporte y el espectáculo. Por ejemplo, tomemos la AMM (Artes Marciales Mixtas; MMA en su siglas en inglés), que es un deporte sangriento de escaso valor moral (claro está, en mi opinión). El espíritu del *budo* se sustituye por el ego y las emociones negativas, que devoran y destruyen al propio espíritu marcial. Conmigo se han venido a entrenar algunos buenos luchadores de AMM, y han admitido que se sienten como si hubiesen perdido la tradición a manos del espectáculo, y se dan cuenta de que sus acciones como participantes en esos espectáculos guardan escasa relación con las verdaderas artes de combate tradicionales o con la consciencia espiritual. Se sienten consumidos por el egoísmo e incapaces de reconocer que el espíritu guerrero en su interior mengua debido a motivaciones de origen materialista. En última instancia, muchos de esos luchadores acaban siguiendo sus convicciones, abandonan el AMM y regresan a la órbita de las artes marciales tradicionales.

Dominar el ego

El ego es quizás la némesis del estudiante de *budo*. En lugar de entablar una batalla perdida contra el mismo, deberíamos aprender a entenderlo, amarlo y controlarlo. El ego, cuando no se le somete a control, crea separación con respecto a la energía divina que somos; fomenta la disparidad, la desesperación, la espesura, el materialismo y una sensación general de disociación respecto de la humanidad. Al final, acaba engendrando falta de amor y compasión. El ego es una parte de nosotros y nos ayuda a mantener el equilibrio, al igual que ocurre con el yin y el yang o el bien y el mal: una parte no puede funcionar sin la otra. Es cierto que muchos estudiantes de artes marciales están repletos de ego y no pueden ver más allá del arte que estudian, encontrando siempre faltas en las técnicas de otros. En el budismo, los *dharmas* son numerosos, y se dice que existen 84.000 puertas que dan al camino adecuado. Tal vez deberíamos imaginar la misma analogía en nuestro *budo* y darnos cuenta de que todas las *ryu ha* (escuelas) tienen algo que ofrecer. Ninguna escuela representa el único camino hacia la salvación. En esencia, existen tantas puertas entre las que elegir como instructores y maestros espirituales que nos ayuden a abrir la puerta que elijamos.

Muy pocos son los que comprenden la esencia de lo que representa el *budo* y muchos *budokas* no llegan a entender por qué algunos *shidoshis* (profesores) e incluso *shihan* ("honorables profesores" o maestros) no reconocen la esencia de la espiritualidad que abarca esta faceta del *budo* y del camino marcial. La espiritualidad debe coexistir con los demás aspectos físicos del *budo* y de este modo nos sentiremos realmente vivos, de forma parecida a la manera en que meditar mientras practicas es la esencia del *budo*. En cualquier sistema hay gente que se dedicará a señalar la paja en el ojo ajeno sin ver la viga en el propio. Se trata de un problema muy común entre los *shihan* no espirituales. Yo he sido objeto de ese tipo de comportamiento. Permitir que ese comportamiento continúe es como ofrecerle alcohol a un alcohólico: alimenta la negatividad en su alma. Esa clase de persona atacará sin provocación o justificación y diseminará rumores y habladurías maliciosas fuera de la escuela. Estoy seguro de que no soy el único que ha pasado por eso, pero una de las verdades de la vida es que el karma ajustará todas las "cuentas". Desde luego, también está la ley humana, que existe para protegerte. Todo ello no es sino el yin y el yang de las cosas otra vez. Es importante reconocer que tu mente, cuerpo y alma no pueden crecer si no aciertas a identificar tus propias debilidades o si disfrutas viendo sufrir a los demás. Uno aprende y se desarrolla al enfrentarse a esas debilidades. Para mí, los errores no existen, sólo son oportunidades para crecer de verdad. ¿Te descubres a menudo fijándote en las debilidades ajenas? Tal vez sean un reflejo de las tuyas propias, así como una oportunidad para que desarrolles comprensión espiritual.

El ego nos mantiene siempre trabados en una batalla entre la espiritualidad y el materialismo, siendo esa vocecita que siempre está repitiendo debilidades o pensamientos autodestructivos en nuestros oídos. Para cambiar eso, debemos aceptar lo que somos y qué es lo que nuestro ego intenta lograr. Debes recordar que la energía está en continuo movimiento y que, como tal, lo mismo sucede con el ego. La diferencia fundamental es que nosotros podemos controlar al ego a través de la fuerza de voluntad y reconociendo nuestra propia autoridad espiritual. Una contraproducente función del ego es la de destruir nuestra fe en nosotros mismos y en nuestras emociones positivas, haciéndose con el control de la voluntad. Permite que te ofrezca un ejemplo: digamos que has estado estudiando muchos años para convertirte en cirujano y que has pasado todos los exámenes teóricos con notas excelentes. Llega el día en que has de realizar una operación en una persona de verdad y te quedas paralizado, tiemblas y no das la talla. ¿Qué ha sucedido? Pues es bastante sencillo de explicar: ha fracasado a la hora de tener fe en ti mismo. Por mucho que hayas comprendido la teoría, si no crees en ti mismo y en tu capacidad natural, no lograrás alcanzar el objetivo que te has propuesto.

En el *dojo*, tu ego te dirá que no eres lo suficientemente bueno y que todos son mejores que tú. Hará que te apartes de tu verdadero camino, ya que desearás el éxito material y no el desarrollo espiritual; estarás sumergido en una batalla entre la técnica y el espíritu (esencia o *kosshi*). En lugar de perseverar y aguantar, envidiarás a quien te parezca más hábil. No percibirás la belleza en el movimiento ni captarás la esencia de la técnica, pues en el interior del espíritu o esencia se encuentra la puerta que da a la iluminación. Primarás la técnica por encima de la intuición. Tal vez empieces a juzgar a los demás sin percatarte de que todos estamos aprendiendo y que los juicios de valor son el camino que conduce a la destrucción. Serás impulsado por las emociones, en lugar de por una creencia centrada en el corazón. Si permites que tu ego te controle, se verá reducida la capacidad para cambiar y obtener todo lo que pudieras merecer. Al desarrollar la psique (alma) te verás potenciado para ser quien realmente has de ser, para reconocer la interconexión de todo lo que permea el universo. Si aprendes a controlar el ego y permites que se desarrollen tus dotes psíquicas, realizarás elecciones de vida más sabias, de manera más intuitiva y, lo que es más importante, sentirás la llegada de los problemas antes de que sucedan.

Los egos problemáticos abundan

Puede que ya estés muy ocupado con tu propio ego: aprender a domar a ese pequeño monstruo puede resultar difícil. Pero llegará un momento en que los egos de los demás empezarán a afectarte de manera negativa, de forma superficial o profunda. Las artes marciales rebosan de egos peleones. El individuo controlado por el ego siempre ridiculizará tus capacidades, poniéndote como ejemplo de practicante de mala calidad. No obstante, descubrirás que eso sólo estará reflejando su propia debilidad. ¿A quién le importa si tu técnica o comprensión deja que desear? La verdad es que estás recorriendo el camino del autodescubrimiento y que aprendes igual que todo el mundo.

La persona dominada por el ego atraerá de manera natural

a quienes compartan su propia vibración y pobre postura espiritual. A menudo los descubrirás en la guisa de un "campeón", alguien que cree ser un campeón, cuando realmente lo que demuestran es carecer de compasión y de una comprensión verdadera del *budo*. Adoptan el papel de juez y jurado en todo aquello que tiene que ver con el arte de su elección. Se les puede ver a menudo dictando otros aspectos de la vida y también las vidas ajenas fuera del *dojo* (en línea, en foros).

El verdadero guerrero demostrará conmiseración, compasión y comprenderá que esos egos necesitan cariñosos cuidados. Esforzarse en responder de este modo es el epítome de la marcialidad espiritual. Sin embargo, armado con el poder espiritual, podrás superar todas esas pruebas y llegar a sentir la verdadera calidez de la llama del *budo*, no la fría percepción del ego indeciso, que se embosca en la agitación interior y la ignorancia de la realidad espiritual.

El *budo* es un patrón de vida

El estudio del *budo* o arte marcial tradicional podría considerarse un patrón de vida, pues en el interior de las escuelas y de su filosofía está todo aquello que pudieras necesitar para sobrevivir en la vida y para desarrollar tu espíritu. Realmente es el arte de vivir y de amar. Puede que cueste un poco antes de que la mente perciba lo que el ojo no puede ver físicamente, y ése es el difícil viaje en el que todos nos hallamos embarcados. Todo lo que aprendes en el *budo*, en el Bujinkan o en cualquier otro arte marcial, te proporciona las herramientas necesarias para cambiar y manifestarte. Todo lo que experimentas en la vida puede ser un reflejo de tus lecciones en el *dojo*. Piensa en cualquier problema al que te enfrentes en la vida: según cómo lidiemos con los desafíos emocionalmente, el problema se manifestará en forma de dificultad en tu práctica física y espiritual. Claro está, el resultado de todas esas lecciones es la perseverancia y la resistencia en todas las cosas, así que gracias a la práctica aprenderás el verdadero significado que guarda el carácter *nin*.

Las lecciones de la experiencia

Puedo hablar por experiencia cuando te digo que de cien *budokas* probablemente sólo cinco pueden llegar a experimentar un combate real, tanto en el campo de batalla como cara a cara con un adversario. Luchar en el ring es distinto de sobrevivir en las calles. Sabes que las posibilidades que tienes de morir en el ring son relativamente pequeñas. En comparación, el riesgo de morir en una pelea callejera es bastante elevado. Los desafortunados que han pasado por una experiencia de combate a muerte pueden confirmar la sobrecarga de adrenalina que se siente al enfrentarse a un asalto violento. La mayoría de los que afirman saberlo no son más que charlatanes. Es obvio, ¡pero que te sacudan duele! Saber moverse intuitivamente puede ahorrarte un montón de dolor, e incluso salvarte la vida. Hay muchos artistas marciales que son lo que denomino "técnicos", y que conocen las técnicas y la teoría como la palma de su mano. Pero fracasan a la hora de conectar con la esencia de su arte y se encierran en las explicaciones. No esperes a aprenderlo por el método difícil: conocer las técnicas no te bastará para seguir vivo, pero tu intuición *sí*.

El Segundo Anillo

La meditación:
un don de la naturaleza

«Somos lo que pensamos.»

BUDA

La naturaleza guarda muchos secretos, pero la paradoja es que no existen "auténticos" secretos, porque esos "secretos" están ahí para que los descubramos todos, si nos molestamos en abrir nuestros corazones y ojos internos. El secreto y la sabiduría proceden de nuestra propia divinidad. Los sabios de la antigüedad y los maestros de las artes marciales siempre han descubierto esta sabiduría a través de la propia naturaleza. Muchos siguen creyendo que esta sabiduría es mística, esotérica y sólo destinada a los muy benditos, pero lo cierto es que la sabiduría está ahí para que la descubra todo el mundo. ¿Qué es esa "sabiduría"? Dicho con simpleza, es una forma menor de estar "iluminado", y te permite reconocer tu lugar en el universo. Así pues, podemos convertirnos en guerreros espirituales de la iluminación, y no únicamente en guerreros que dependen de su potencia física y su capacidad. El guerrero espiritual carece de egoísmo, es compasivo y comprensivo. El guerrero espiritual también alberga una gran sabiduría, siente empatía, es clemente y, por encima de todo, compasivo. En palabras de Sri Sri Ravi Shankar: «La iluminación es el periplo de regreso de la cabeza al corazón, de las palabras al silencio».

Durante miles de años, guerreros de todas las razas de la humanidad han comprendido las ventajas del desarrollo espiritual y la intuición para desarrollar y reforzar más sus capacidades marciales, llegando incluso a ofrecerles cierta ventaja en el combate.

Por desgracia, en nuestro mundo materialista, el guerrero moderno sólo puede depender de las técnicas normales de siempre, convirtiéndose en poco más que un técnico en lugar de ser un guerrero intuitivo. Moverse perfectamente de A a B para llegar a C no parece ser nada más que actuar siguiendo una serie de movimientos aprendidos dirigidos a funcionar contra un ataque predeterminado. La verdad es que esos ataques programados nunca son reales; no son más que un pálido reflejo de la naturaleza.

Incluso en un cuadrilátero o en las esteras del *dojo* existe un elemento de previsibilidad. Por el contrario, como sucede con la Madre naturaleza y su propia e innata aleatoriedad, un verdadero ataque en un entorno desconocido es tan caótico e impredecible como las olas en una playa. El problema al que nos enfrentamos es que si no aprendemos a movernos de manera natural –poniendo de manifiesto todos nuestros dones intuitivos– podemos ser víctimas de nuestra propia estupidez y limitarnos a movimientos predecibles. Serás un táctico en lugar de un músico. En pocas palabras, al no ser capaces de comprender la fuerza natural de la energía natural seremos los responsables de nuestra propia derrota. ¿Qué observas si te detienes a orillas de un río? ¿Ves un río en toda su gloria física observas su fluir natural y su energía, tal y como pretende la naturaleza? Lo que percibes puede ser distinto de lo que observa tu espíritu. Observa con los ojos de un sabio y el corazón de un guerrero para percibir que la naturaleza ejemplifica el fluir natural que debería existir en nuestra técnica o filosofía en el *dojo*.

¿Cómo logramos ese tipo de percepción? No se trata de comprender dónde debemos situar la mano o el pie, sino de reaccionar de acuerdo con la energía que fluye hacia nosotros. La colocación se convierte en descolocación y aprender a entender el fluir de nuestra energía permite que fluyamos y reaccionemos de manera natural ante la energía en ese lugar y en ese momento. Cuando alcanzamos este pináculo de comprensión, también podemos predecir la naturaleza y el resultado del suceso, o incluso cambiar el curso de la historia del mismo. El primer principio para comprender la energía es unirse a ella aprendiendo a meditar. La energía en las artes marciales –y en otras artes esotéricas– tiene muchos nombres, pero aquí la llamaremos *ki*, que es el carácter japonés que designa "energía".

¿Qué es la energía *ki*?

Todos tenemos una comprensión distinta de lo que es la energía, pero bastará con decir que la ciencia moderna ha descubierto que la energía que existe forma parte de nosotros y que lo permea todo. Eso ha sido recientemente "descubierto" por la ciencia, pero muchas personas espirituales y maestros de *budo* han reconocido esa verdad desde hace miles de años.

Lynne McTaggart escribe: «Los seres humanos y todas las cosas vivas son una cristalización de energía en un campo de energía conectado con todas las demás cosas del mundo. Este campo de energía palpitante es el motor central de nuestro ser y nuestra consciencia, el alfa y el omega de nuestra existencia. "El campo", como dijo escuetamente Einstein en una ocasión, "es la única realidad"».*

Esta energía consiste en átomos que vibran a una elevadísima frecuencia que no podemos percibir con nuestros sentidos físicos, si bien podemos utilizar nuestro sentido espiritual para sentir dicha energía. En relación con el cuerpo humano, esta energía nos rodea y se la conoce como *el campo*, consistente en muchas capas.

La energía, *ki*, es conocida en China como *qi* y en la India como *prana*. Sea cual sea el término empleado para designarla, esa energía forma parte de nosotros mismos y rodea a todas

---

*   *El campo: en busca de la fuerza secreta que mueve el universo*, de Lynne McTaggart.

las cosas vivas. También es importante reconocer que muchos científicos de renombre, como la doctora. Barbara Brennan (que fuera física en la NASA), han demostrado científicamente la energía del aura, y que el científico ruso Semyon Davidovich Kirlian fue el primero en fotografiarla. Esta aura es el medio a través del que podemos sentir cambios sutiles en la vibración áurica. Comprender cómo funciona el *ki* es el primer paso hacia el desarrollo de tus sentidos intuitivos en el *budo*.

Echemos un vistazo a la composición del aura y cómo puede ayudarnos a proteger la mente, el cuerpo y el espíritu. A partir de mis años de practicante como vidente y estudiante de *budo*, he aprendido que el campo de energía consiste en anillos de energía.* Repasaremos cuatro de esas capas, aunque existen otras muchas, cada una de ellas con un objeto:

Etérica: ésta es la primera capa, y las personas más dotadas psíquicamente pueden verla. Se extiende aproximadamente media pulgada desde el cuerpo y actúa casi como una segunda piel. En el interior de esta capa pueden detectarse dolencias físicas. Tiene un color azul plateado, aunque algunos consideran que el color es gris. Esta capa también contiene el mapa de tu cuerpo físico. Puedes practicar fácilmente para percibir esta energía. Siempre les enseño a mis estudiantes a ver el aura de una hilera de árboles en un campo o en un bosque vivo.

---

* En *Power of the Sixth Sense*, de Jock Brocas.

Si miras hacia arriba teniendo como telón de fondo el blanco de una nube o el cielo azul, observarás la energía en la copa del árbol como una especie de nebulosidad que rodea al objeto vivo, como una especie del halo. A continuación, deberías intentar visualizar la misma capa alrededor de un compañero del *dojo*, haciendo que se colocase, frente a un telón de fondo iluminado, mientras concentras tu atención en la zona que rodea el cuerpo.

Emocional: esta capa contiene las emociones que sientes en cada momento, y los colores del interior del aura pueden cambiar dependiendo de cómo te sientas. Así que si te sientes deprimido o bajo de tono entonces el aura reflejará la vibración y el color que corresponda a esa emoción. ¿Cómo puede afectar este estado emocional a la capacidad de ocuparte de tu mente, cuerpo y espíritu? Si sientes una emoción de miedo, entonces destilarás esa emoción y cualquier persona sensible podrá sintonizar con esa emoción. Esa capa también transpira la emoción que sentimos respecto a las personas que nos rodean. Si sientes rabia hacia alguien, entonces esa emoción resultará fácilmente reconocible. Eso puede servir como una señal de previo aviso si aprendes a reconocer el estado emocional de los demás.

Mental: la capa mental contiene la información sobre tus creencias, intelecto y el poder personal respecto de la suma total de quien eres en el sentido físico y mental. Esta área registra los procesos de pensamiento, tus decisiones y opiniones. El color de este campo suele ser amarillo y las formas de pensamiento parecen estructuras como ampollas amorfas de energía. Las formas de pensamiento que ocupan nuestra consciencia en un momento dado quedan registradas en este campo. Obviamente, con práctica y un aumento de la consciencia, es posible reconocer esos pensamientos a través del sexto sentido.

Espiritual (capa astral): esta capa es el puente hacia el mundo de los espíritus y recibe toda la información canalizando las vibraciones superiores a través del *chakra* de la coronilla (*chakra* es una palabra sánscrita que significa "rueda giratoria"), que está situado justo por encima de la cabeza. Estos *chakras* son como remolinos de energía y están dispuestos entre la base de la columna vertebral hasta la coronilla. También se conocen como centros psíquicos, y son siete. No obstante, habría que señalar que las enseñanzas y la sabiduría de antaño sugieren que son bastantes más. El *chakra* de la coronilla también opera en colaboración con todos los demás *chakras*, pero está sobre todo conectado con el *chakra* del corazón. Los pensamientos e intenciones se perciben a través de estas capas. Por ejemplo, existe una anatomía del pensamiento. Esta anatomía del pensamiento explica cómo tiene lugar la manifestación física.

La interacción entre la mente subconsciente y la consciente requiere de una colaboración parecida a través del sistema nervioso del cuerpo, aunque en principio una es igual que la otra, pareciéndose a las caras de un diamante. Por ejemplo, la médula cefalorraquídea es el canal a través del que ejercemos un control nervioso consciente, como podemos apreciar en el movimiento de las extremidades. Eso es controlar los sentidos físicos a fin de producir la acción de un movimiento en particular. Este sistema concreto tiene su núcleo en el cerebro, pero el cerebro está totalmente separado de la mente. El sistema nervioso simpático tiene su centro en la red de células nerviosas de detrás del estómago, en el plexo solar. En términos espirituales se conoce como el *chakra del plexo solar*, que es la sede de la intuición y de la capacidad psíquica. Este sistema canaliza la actividad mental inconsciente y también mantiene las funciones vitales del sistema nervioso autónomo. Ambos sistemas están conectados a través del nervio *vago*, que partiendo de la región cerebral, recorre la garganta, donde está situado el *chakra de la garganta*. A partir de ahí se ramifica hacia el corazón, los pulmones y las extremidades, con el sistema nervioso simpático convirtiendo al cuerpo en una "entidad única": la mente y el cuerpo.

Cada nexo del sistema nervioso central se coordina con uno de los siete *chakras* básicos correspondiente. En el cuerpo existen otros muchos *chakras*, que aparecen enumerados en las antiguas escrituras en sánscrito. La progresión de los *chakras* empieza en la cabeza o zona cerebral, identificada como el *chakra* de la coronilla, que es tu conexión y puente con el reino del espíritu. Luego continúa hasta el *chakra del tercer ojo*, situado en la frente y que funciona en conjunción con la glándula pituitaria, pero que también es autónomo. Es la sede de la clarividencia y de la capacidad de percibir lo invisible. La siguiente zona es el *chakra* de la garganta, que es la zona de la garganta y que ocupa el asiento de la clariaudiencia (nuestra capacidad de oír a los espíritus). Si continuamos en sentido descendente, alcanzaremos el *chakra* del corazón y el *chakra* del plexo solar. Cada uno de estos *chakras* opera en asociación con el sistema nervioso simpático. El *chakra* del corazón está asociado con el amor incondicional. Luego continuamos hasta lo que pudiera describirse como el amarre físico del cuerpo espiritual, que incluye otros dos *chakras:* el *chakra del plexo sacral*, justo por debajo del ombligo y relacionado con la intuición, y finalmente el *chakra de raíz*, situado justo por debajo de la zona de la ingle, que es la conexión con el mundo material. Estos dos *chakras* están sintonizados con los elementos físicos del cuerpo. Todos ellos funcionan concertados, como mente, cuerpo y espíritu.

Por lo tanto, es cierto que el pensamiento subconsciente puede efectuar cambios en el cuerpo físico. Tal vez sea ésa la base desde la que realizar curaciones espontáneas en el interior de un individuo o el método a través del que podemos cambiar nuestra perspectiva y circunstancias en la vida.

Comprender el circuito físico del pensamiento y la percepción puede ayudarnos a correlacionar lo espiritual con lo físico. Por esa razón, podemos aprender, cocrear, manifestar, sentir intención y soportar las tormentas emocionales.

Según Thich Nhat Hanh: «A la luz de la consciencia, cada pensamiento, cada acción, se tornan sagrados. Bajo esta luz no existen fronteras entre lo sagrado y lo profano».*

Nin: perseverancia y resistencia

Estamos llegando a una de las lecciones espirituales más importantes del *budo*. Esta lección es tan importante que probablemente sea la base desde la que los maestros de *budo* acertaron a desarrollar su lado intuitivo así como su espiritualidad. ¿Cuál es esa lección? *Nin*. Los primeros caracteres del *kanji* de *nin* pueden traducirse como "perseverancia" y "resistencia". Al principio se te pasará por alto que consideres ese atributo únicamente como un aspecto de tu práctica física.

¿Qué significa perseverar y resistir? Tal vez, para entender *ninpo* (la sabiduría más elevada de los *ninjas*) necesitaríamos resistir y perseverar no sólo a través de nuestra práctica física, sino también de todas las lecciones de la vida. Es importante ver y sentir el *nin* en la vida cotidiana. Por ejemplo, ¿está siempre bien renunciar a todo lo que te hace feliz sólo porque a veces pasas estrecheces? Eso no es perseverancia. En las luchas de la vida, a veces renunciamos o cambiamos lo que queremos para que se ajuste a la emoción del momento. Es más fácil renunciar que perseverar y resistir.

---

*   *Hacia la paz interior*, de Thich Nhat Hanh.

Eso podría compararse con los esfuerzos de un potro recién nacido. Una y otra vez, el potrillo intenta incorporarse sobre sus patas temblorosas hasta que acaba consiguiéndolo. En su configuración interior natural se halla presente el sentido de la perseverancia y la resistencia. En lugar de limitarse a sentarse tras un montón de intentos fracasados, el potro acaba incorporándose gracias a su esfuerzo.

Resistir a través de las emociones

Muchos de nosotros renunciamos cuando experimentamos emociones negativas: sucumbimos a la negatividad cuando nos vemos enfrentados a lo que nos parecen desafíos insuperables. La esencia de la sensación de *nin* durante momentos emocionales negativos es hallar resolución a través de nuestra resistencia y perseverancia en la vida. Perseverar frente a la adversidad, la cólera, la tristeza y una sensación general de sobrecogedora insignificancia es la manera de comprender *nin* y tu ser más elevado. Tus emociones son muy potentes y pueden modelar tu presente y tu futuro. Tal vez, a través del camino del *ninpo* o el *budo* es posible aprender a modelar el futuro y el presente de manera más positiva y comprensiva. Las emociones destructivas pueden erosionar el espíritu desde el interior. Fallar a la hora de comprender el ser emocional puede hundirte en una actitud en la que tu vida se convierta en un insensato ciclo de autodestrucción. Si no le pones coto, incluso podrías ampliar ese maltrato físico, emocional o mental a quienes te rodean. Existen muchas emociones negativas que, cuando se utilizan en el *dojo*, pueden ser tan destructivas como en otros aspectos de la vida:

- Cólera.
- Resentimiento.
- Celos.
- Odio.
- Codicia.
- Apatía.
- Pesar.
- Miedo.
- Vergüenza.
- Remordimiento.
- Hostilidad.

Recuerda que la emoción es energía en movimiento y, de la misma manera que podemos manipular energía de cara a un propósito superior, también podemos manipular esa energía con un propósito destructivo. Asimismo, hay que tener en cuenta el hecho científico de que la energía no se destruye, sólo cambia.

Persistir a través de las dificultades

Hatsumi dijo en una ocasión que «todas las dificultades son temporales, un mero obstáculo que hay que circunnavegar».

No obstante, da la impresión de que siempre nos rendimos, de que claudicamos ante cualquier dificultad que nos sale al paso. Tanto si es en el *dojo* como en la vida, parece que siempre elegimos la salida fácil. Si alguien desea tener claro el orden más elevado de *ninjutsu*, las artes del *budo*, o cualquier arte marcial, hay que aprender que todas las dificultades que aparecen son temporales, pero no obstante necesarias para el desarrollo en la práctica y en la vida. Si te desarrollas espiritualmente, acabarás superando los obstáculos. Sin embargo, negarte a desarrollarte podría hacer que te hundieses en el frustrante ciclo en el que probablemente te encuentres. Este ciclo puede afectar cualquier cosa en tu vida, precipitar dificultades económicas, crear problemas de relación, o bien cambiar de forma dramática circunstancias personales. Aprender a resistir y comprender el recorrido en el que te hallas es una forma de lograr un importante avance espiritual que te permitirá captar la esencia del corazón vivo del *budo*.

Las dificultades pueden presentarse por diversas razones. Por ejemplo, tal vez sientas negatividad y una sensación de autoadversión sin tener clara la razón, o quizá eres víctima de algún tipo de maltrato en el trabajo, en tu casa o incluso en Internet. Desde luego, siempre parece más fácil rendirse, pero el espíritu de *nin* hará que luches por esclarecer la verdad. La verdad es verdadera, pase lo que pase, y no puede cambiarse, pero siempre hay alguien que fracasará a la hora de revelar la verdad a causa de su ignorancia. Eso también sucede en las artes marciales y en la vida en general. Esta lucha pudiera ser la expresión fundamental de perseverancia y resistencia.

A veces, en la práctica, trabajamos en *mu* (espacio vacío), buscando la debilidad en un oponente y pasando a una dimensión superior, más allá de la percepción material. En este espacio vacío radica la respuesta a todas las preguntas de la vida y el camino hacia la liberación de todas nuestras luchas y dificultades. A través de los movimientos de una persona puede adivinarse cuál es su comprensión de *nin* o del *budo* en su integridad, porque en el movimiento está la danza de la creencia material. La debilidad que pudiéramos descubrir es un reflejo de la nuestra propia, y descubrir la debilidad en nuestros enemigos u oponentes nos permite desarrollarnos armoniosamente y equilibrarnos, reflejando de ese modo nuestra propia perseverancia y resistencia al aceptar nuestra debilidad y compensarla. No obstante, habría que señalar que esa debilidad pudiera no manifestarse únicamente en los movimientos físicos, sino también en la intención y la emoción del individuo. Debemos permanecer siempre equilibrados, pues cuando se pierde o nos arrebatan el equilibrio, somos derrotados. Pero seguimos teniendo pendiente la cuestión de por qué somos derrotados y de qué modo. La verdad es que nos hemos derrotado a nosotros mismos. Aparentemente, el secreto está en perder el equilibrio de manera deliberada a fin de fingir una debilidad y así permitir que el aparentemente derrotado se convierta en vencedor. Esta estrategia requiere que controlemos las emociones y desechemos las aspiraciones provocadas por el mundo material. Sólo entonces podremos alcanzar la gloria de la victoria. Pero habría que tener cuidado: la victoria suele engendrar más odio y desprecio hacia el derrotado. Por dicha razón, afirmo que deberíamos mostrar que no existe "derrota" en sí misma, sólo clemencia y compasión. Ésos son los atributos de la verdadera bizarría.

Perseverar a través de la manifestación y la intención

Una obviedad de la vida es que todos queremos lo que no poseemos en un momento determinado, y que confundimos la sensación de anhelar con la de necesitar, sin acabar de comprender verdaderamente la diferencia. La *ley de la atracción*, que es una verdad espiritual, nos dice que la proporción de nuestra vibración e intención atraerá hacia nosotros lo deseado o la necesidad de eso que corresponde con la misma vibración. Por ejemplo, si realmente deseas algo y actúas siguiendo la creencia de que ya está ahí, tu vibración –junto con la consciencia universal– te concederá lo que buscas. No obstante, lo que muchos pasan por alto es que no sólo has de "creer para concebir", sino que también debes sentir la emoción acompañante. Primero has de *percibir*, luego *creer* y finalmente *concebir*. Ése es el secreto de la manifestación. Escribir afirmaciones todos los días no es suficiente para poner en marcha la ley de la atracción, porque estás expresando el acto físico de escribir sin emoción ni fe, y ambas son elementos que han de estar presentes para alcanzar el éxito.

El mecanismo de esta atracción espiritual empieza con creer. Demasiados estudiantes fracasan a la hora de creer y se dan cuenta de que se hallan frente a lo que aparentemente da la impresión de ser un muro de oposición infranqueable. Hace muchos años, cuando estaba en el ejército, había un muro en concreto en el curso de confianza que no podía superar. Cada vez que me enfrentaba a él, surgían en mi interior las emociones negativas, como si fuesen un río a punto de desbordarse. No creía poder superarlo, y cada vez que lo intentaba, fracasaba. Uno de mis instructores me dijo que mi problema radicaba en que no creía en mí mismo, y que debía visualizar poder superar el muro con facilidad. Claro está, resulta muy fácil decirlo, pero empecé a imaginarme superando el muro con todo mi equipo encima. Llegó el día en que tuve que volver a enfrentarme a mi némesis. Antes de empezar, vi una imagen de mí mismo superando la pared. Corrí en su dirección y salté estirando los brazos para agarrarme al borde. Me costó mucho, pero en mi mente seguía manteniendo la misma visión. Creía estar a punto de soltarme cuando, de repente, me di la vuelta y vi que estaba al otro lado, escuchando los gritos de mis compañeros animándome. En principio, esta pared no es distinta de aquella a la que te enfrentas durante tu práctica de artes marciales y en la vida: siempre te esfuerzas por agarrarte al borde, y la base del éxito debe ser creer en ti mismo y perseverar. No abandones cuando la cosa se complique, pues un día acabarás escalando el muro y derrotándolo, incluso haciendo frente a las adversidades.

Hay un único factor que permanece constante, y es tu intención. Hatsumi suele hablar largo y tendido sobre la intención y me pregunto cuánta gente entenderá de verdad lo que dice. ¿Cómo explicas lo que es la intención? ¿Qué es, cómo la sientes y de dónde sale? La intención simplemente es situar tu consciencia sobre un tema, movimiento o deseo. Mantener esa intención en el subconsciente significa que tu vibración cambia para ajustarse a la de la intención y al hacerlo activas la ley espiritual de la atracción. Mi intención era superar la pared y tu intención al practicar debería ser igual de concentrada. El propósito de controlar el poder de la intención no debería ser hacer gala del éxito, sino más bien aumentar tu comprensión del *budo* y acercarte a tu propia marcialidad espiritual.

Claro está, hay otra faceta de la utilidad de la intención y es captar la intención de los demás a través de nuestra aura y nuestras capacidades videntes innatas, a fin de protegerse uno mismo o a los demás de cualquier peligro inminente.

Para sintonizar con la intención de alguien, es preciso poder utilizar tu capacidad psíquica para reaccionar a su energía transpirada, tanto si es positiva como si es negativa. Eso también es un proceso de discernimiento, que requiere muchos años de práctica, comprensión y refinamiento. Puedes intentarlo en el *dojo*, pero si la intención es errónea, no funcionará. Uno no puede sentirse escéptico al sentir la intención, ya que esta emoción interferirá en la transferencia de la energía natural universal que se carga positiva o negativamente. Intenta este ejercicio: sostén un dedo frente a ti e intenta sentir tu intención mientras conscientemente le dices a tu mente subconsciente que doble el dedo. Lo que sentirás es poder interiorizado, que es universal. Se trata del poder de tu libre albedrío para elegir reaccionar al pensamiento manifiesto. Comprender aunque sea una parte ínfima de esto te ayudará a cristalizar el poder en el interior de tu superconsciencia, esquivando el pensamiento consciente. De este modo puedes empezar a aprender a moverte de manera intuitiva, sin la molestia del pensamiento consciente. Comprender este sencillo proceso te acercará a la iluminación y comprensión de *mu* (espacio vacío). Operar en esta dimensión implica que puedes atraer todo lo que deseas en la vida, pero hace falta perseverancia y resistencia. Operar en esta dimensión también te permite controlar el espacio existente entre tú y tu oponente. Gracias a ello es posible aprovechar la sabiduría del *budo* y de *nin*. Intenta sentir la energía interiorizada cuando tomes una decisión positiva. Esta energía mana de la intención, aunque pudieras no reconocerla de inmediato. Hacen falta muchos años de meditación antes de que llegues a comprender la esencia de tu movimiento. Si practicas con un arma, *siente* la intención cuando la desenvaines, y no desenvaines simplemente a causa de la repetición del movimiento físico. Debes controlar e interiorizar el poder para sentir su esencia.

Una famosa afirmación del espadachín Miyamoto Musashi, que aparece en *El libro de los cinco anillos*, arroja cierta luz sobre este tema:

«Lo más importante al empuñar un sable en tus manos es tu intención de golpear al enemigo, sea lo que sea que eso signifique. Siempre que esquives, golpees, saltes, ataques o toques el sable del enemigo, deberás alcanzarle en el mismo movimiento. Lograrlo es vital. Si sólo piensas en golpear, saltar, atacar o alcanzar al enemigo, nunca llegarás a él».

No dejes de practicar

Finalmente, llegamos a nuestro destino, que para algunos será el principio de su comprensión personal. Resistir y mantener la práctica es dar pequeños pasos en tu camino en el *budo*. Creo que Hatsumi *Sensei* fue el que bautizó este proceso como el "corazón palpitante del *budo*". ¿Por qué sacudirnos a nosotros mismos cuando no acabas de comprender algo o por qué sentir que hemos de abandonar la práctica cuando nos resulta difícil a causa de una lesión o de circunstancias personales difíciles? ¿Es eso resistir? ¡No! Eso es darse por vencido en la vida, no sólo en la práctica del *dojo*. Recuerda que un verdadero *budoka* practica cada segundo de cada hora del día en su búsqueda de la iluminación. Esta práctica no consiste únicamente en ejercicios físicos. Puedes practicar el camino del guerrero estudiando la naturaleza o hablando con otras personas y poniendo en práctica las lecciones ocultas que son como joyas en el interior del corazón palpitante de tu propia práctica marcial. Cada día es una oportunidad para desarrollar la mente, el cuerpo y el espíritu. Aprenderás si abres el corazón. Así que cuando sientas dificultades en tu práctica persevera y resiste. Conviértete en el epítome de *nin* y comprende que a través de tus emociones, problemas y prácticas dispones de la oportunidad de aprender a perseverar y resistir. Abandonar es darse por vencido ante ti mismo y ante la vida. ¡Así que no lo hagas! Disfruta cada día del milagro de estar vivo y sé agradecido. Desarrollarte con el milagro significa desarrollarte en tu *budo*, pues el *budo* es un milagro en el interior de la naturaleza universal que es la vida.

Una advertencia para los estudiantes de *budo* que pudieran tener que hacer frente al ridículo a causa de sus creencias: vuestros antagonistas son aquellos que siempre tratan de destrozar vuestra técnica a fin de autogratificarse. Recordad que la cuestión no radica en la técnica, ni siquiera en el combate. Se trata de vivir armoniosamente y aprender el valor de vuestro espíritu interior. Sentid compasión en lugar de odiar a vuestro enemigo, y discernir quién es el auténtico guerrero.

Sanshin: un don de la naturaleza

Llegados a este punto podemos decir que hemos aprendido algo más acerca de nuestro sistema energético y centros psíquicos, y mientras seguimos adelante iré añadiendo información según la vayamos necesitando. Ahora explicaré algo más cómo podemos entender todo esto a un nivel más profundo y combinar este conocimiento en correlación con la naturaleza: tal vez ésta sea la puerta que dé paso a comprender la naturaleza y cómo, a través de los elementos, es posible desarrollar nuestros sentidos intuitivos innatos. Estoy hablando de *Sanshin* o *Gogyo no Kata.*

La mayoría de los que estudian *Sanshin* sólo comprenden su estipulación básica: la impresión de combate real cuando se añaden otros conceptos como el *Kihon Happo* (los ocho básicos). Andrew Beattie (Shihan), uno de mis profesores y de mis mejores amigos, me dijo en una ocasión que contar con uno sin el otro no tiene sentido, que es parecido a consumir cereal blanco molido sin azúcar ni leche: es muy desagradable y resulta insípido. Parece cierto cuando nos fijamos en los fundamentos de *Sanshin no Kata*, y nos damos cuenta de que sólo la comprensión de los movimientos proporcionará al estudiante una preferencia por movimientos explosivos que utilicen las piernas, así como familiaridad con técnicas de combate. La práctica de *Sanshin no Kata* ayuda a los artistas marciales a controlar el equilibrio, el sentido de la oportunidad y los enfoques, así como la energía y la intención. La cuestión es la siguiente: *Sanshin no Kata* tiene un significado mucho más profundo y una forma de dirección más espiritual… si es que podemos abrir nuestro corazón (*kokoro*) para verlo.

Sanshin, claro está, puede descomponerse en los elementos de la naturaleza y las cinco técnicas sistemáticas, lo cual nos proporciona un atisbo de la energía que lo impulsa. La verdad es que la mayoría de nosotros no establecemos esa conexión auténtica con la sensación que subyace a *Sanshin* y su verdadera energía. En lugar de ello, nos limitamos a realizar los movimientos de manera maquinal, sin comprender lo que hacemos o sin ni siquiera intentar lograr algún desarrollo. Los cinco elementos de *Sanshin* son *Chi* (tierra), *Sui* (agua), *Ka* (fuego), *Fu* (viento) y *Ku* (vacío). Sé que puede parecer una locura, pero mientras estudiamos *Sanshin* suelo llevar a mis estudiantes personales al aire libre para que experimenten por sí mismos qué son esos elementos de la naturaleza. Les llevo a practicar a los bosques y otras zonas en las que puede sentirse la tierra y estudiar el movimiento de los árboles y las cascadas cercanas, donde experimentarán la presencia del agua, su energía y movimiento.

Para que comprendan el fuego, hago que los estudiantes practiquen en su presencia a fin de experimentar el calor, la naturaleza explosiva y el movimiento natural del fuego. Para el viento, los llevo a las montañas y les dejo que comprendan la energía que subyace al viento, y la manera en que cuando adivinas su llegada es que ya es demasiado tarde. Para experimentar el vacío, hago que los estudiantes comprendan su propia mente intuitiva mediante sencillos ejercicios que ignoran que ya practican durante los entrenamientos en el *dojo*. Eso suele provocar "que caigan del guindo", que caigan en la cuenta.

También hay otra cuestión: comprendiendo *Sanshin* y sus elementos tal y como he explicado anteriormente, disponemos de una verdadera oportunidad para aprender a meditar y empezar a desarrollar nuestras facultades psíquicas. La meditación es el primer ejercicio básico que lleva a comprender cómo abrir, cómo liberar nuestras dotes psíquicas. Dichas facultades no están, desde luego que no, separadas de la naturaleza y por ello lo adecuado es que las desarrollemos en su totalidad en armonía con la misma.

Meditación: antes de ir, ya habrás llegado

Ya sé que cuando hablo de meditación probablemente aparece la imagen de alguien sentado en una postura muy incómoda y que murmura un mantra mientras intenta sosegar su mente a fin de alcanzar algún irreal nivel de iluminación. La verdad es que la meditación es muy simple y que para obtener sus beneficios en un período relativamente corto sólo es necesario comprenderla y practicar. No hay que sentarse durante horas, días ni semanas, como algunos profesores pudieran decir. De hecho, uno puede empezar a sentir sus beneficios con sólo sentarse diez minutos. Probablemente no sepas que mientras practicas estás meditando; cuando ejecutas series de ejercicios memorizados, tu mente consciente y tu ego se disipan, y entras en un espacio surrealista y meditativo sin darte cuenta. Puedes meditar incluso practicando *Sanshin*, algo que animo a hacer a todos mis estudiantes. Volveremos a esa cuestión más adelante.

El mayor problema al que se enfrenta la mayoría de las personas con la meditación es superar la pereza para dedicarle un tiempo cada día. Diez minutos no es un período de tiempo muy largo, y con un poco de autodisciplina descubrirás que resulta bastante fácil disponer de cierto tiempo para esta práctica. No imagines ni por un minuto que yo soy increíblemente disciplinado… Hay ocasiones en las que incluso me olvido de meditar. No permitas que una omisión te hunda. Intenta meditar todo lo a menudo posible, de una manera realista, pues puede pasar un tiempo hasta que se aprende a hacerlo de manera correcta. Hay un obstáculo muy común que debes reconocer al empezar, y del que trataré en la siguiente sección.

Desarrollar una mente sosegada

Probablemente sientas curiosidad acerca de qué deberías esperar de la práctica de la meditación y cuáles son las dificultades con las que puedes toparte las primeras veces que practiques. La verdad es que los problemas que estoy a punto de describir surgen constantemente. Sólo debes reconocerlos y dejar que desaparezcan por sí mismos. Por ejemplo, la mayoría de vosotros, cuando empieza a practicar meditación, lo hace con unas enormes expectativas de alcanzar asombrosas epifanías etéreas, como si hubiera que sentir algo extraordinario, o bien ser capaces de inmediato de hablar con los muertos. Lo siento, pero eso no le sucederá a la mayoría. Muy pocas personas –aparte de los videntes naturales– afirman sentir o experimentar algo único o paranormal.

Muchos de vosotros os sentiréis decepcionados al experimentar el interminable discurrir de pensamientos de la mente. Podéis incluso desanimaros, creyendo que nunca le pillaréis el tranquillo. Lo cierto es que incluso los más experimentados meditadores tienen una mente muy ocupada y no pueden evitar lo que denominamos *charla mental*.

Ahora me preguntaréis: «¿Qué se supone que es la "charla mental"?». Es algo muy sencillo y lo explicaré dando un ejemplo personal. En una ocasión me hallaba en meditación y parecía que no había manera de sosegarme. Cada vez que empezaba a respirar hondo y a concentrarme en mis colores o en la visualización, llegaba a mi mente un pensamiento tipo: «Me pregunto qué preparará Jo para cenar hoy», o: «Tengo que recaudar fondos para ir a Japón… ¿Qué podría hacer? ¡Necesito ponerle los neumáticos de invierno al coche!», y por alguna razón esos pensamientos no dejaban de aparecer. Cada vez que intentaba relajarme y regresar a mi meditación, llegaba otra divagación, y eso me estaba poniendo muy nervioso. Salí de esa meditación y, como de costumbre, mi esposa y yo nos pusimos a hablar sobre lo que nuestros guías nos habían dicho o qué habíamos visto clarividentemente. ¿Qué era lo que yo había visto? «¡Nada!», exclamé, y le conté con voz alterada lo que sucedía en mi cabeza y lo inútil que me sentía. Entonces Jo me ofreció el mejor consejo posible, que recuerdo hasta el día de hoy: «A mí también me ha pasado, pero lo dejé estar». Durante unos instantes rumié su respuesta y luego esperé a "caer de la higuera", pero… *nada*. Nada de nada. En ese momento descarté el consejo porque me pareció que carecía de utilidad. Así fue hasta que la mañana siguiente, en que volvimos a meditar. Como ya me esperaba, volví a distraerme con diversos pensamientos. Sin embargo, ¡en esta ocasión todo fue distinto! Cada vez que aparecía una nueva divagación en mi cabeza, pensaba: «Muy bien, me parece estupendo, pero ahora no, por favor». Al despacharlos, los pensamientos intrusos se evaporaron y yo pude volver a meditar sin permitirme ninguna distracción. En cuanto lo hice, reconocí que había estado haciendo exactamente lo que mi esposa me había recomendado. Ése es el mismo consejo que ahora te ofrezco, y aunque pudiera parecer inconsecuente, *es* un buen consejo: es necesario que encuentres el equilibrio. De este modo puedes aprender a controlar la charla mental y empezar a meditar, para así experimentar sus beneficios asociados.

Ahora me gustaría repasar la meditación *Shanshin*. Esta meditación puede realizarse a lo largo de un período de cinco días, y te ayudará a lograr despertar la sexta dimensión en tu espíritu.

Meditación *Sanshin*

Esta meditación te conducirá a través de cinco días de trabajo interior que te ayudarán a curarte y a iniciar tu camino hacia el desarrollo psíquico en el *budo* o en la disciplina de tu elección. Cada día representará un elemento de la naturaleza en el que meditarás, empezando a reconocer sus valores y lecciones nucleares. La meditación te facilitará el desarrollo de esa unidad con la Madre Naturaleza y a comprender qué significa realmente *mushin* (inmente).

Así que para empezar necesitas asentarte con firmeza entre los cielos y la tierra. Eso te ayudará a anclar tu propia energía a la naturaleza, a la vez que se elimina cualquier impureza en tu *campo áurico*.

Ejercicio de meditación

Se trata de un sencillo ejercicio que sólo requiere de unos pocos momentos de práctica para enraizarte y protegerte. Deberías realizarlo cada vez que vayas a iniciar esta práctica.

Empecemos. Encuentra un lugar tranquilo donde sentarte; puedes poner algo de música suave de fondo o simplemente permanecer en silencio. Asegúrate de que la silla en la que te sientas es cómoda y tiene el respaldo derecho, pues ésa será la mejor postura que puedes adoptar para permitir que una respiración natural recorra tu cuerpo, limpiando y purificando lo que encuentre en su camino. Siéntate cómodamente y cierra los ojos. Empieza respirando hondo unas cuantas veces a través de la nariz. Espira por la boca.

Empieza a visualizar una hermosa luz blanca que llega desde los cielos y que penetra por la parte superior de tu cabeza, donde está situado el *chakra* de la coronilla. Visualiza ese *chakra* como un hermoso nenúfar blanco o una rueda giratoria de luz sita en la parte superior de tu cabeza. Observa cómo atraviesa ese *chakra* la luz blanca, sabiendo que limpia y elimina cualquier impureza a su paso.

A continuación, observa cómo la luz blanca entra en el *chakra* del tercer ojo, que es la sede de tu clarividencia y es de color lila/púrpura. Visualízalo como una flor púrpura o una rueda giratoria de luz. Observa la manera en que esa luz blanca entra en el *chakra* y fíjate cómo lo limpia y purifica, apartando todas las impurezas mientras la luz blanca permea todas las células de tu cuerpo.

Luego esa luz debería seguir su camino descendente hasta el *chakra* de la garganta, que es de color azul. También en este caso debes verla como una flor o luz giratoria, y comprobar la manera en que la luz blanca entra en el *chakra* para limpiar y purificar en su camino descendente.

A continuación, te trasladarás al *chakra* del corazón, que es de color verde o rosa. También ahora debes imaginarlo como una flor o luz que gira. Visualiza esa pura luz blanca atravesando el *chakra* del corazón mientras limpia y purifica.

Observa cómo la luz blanca pasa al *chakra* del plexo solar, situado encima del ombligo, cerca del centro del estómago. Ésa es la sede y motor de tu intuición. Visualízalo como una flor amarilla o una rueda giratoria de luz y fíjate en cómo limpia, renueva, equilibra y disipa cualquier negatividad o impureza de ese *chakra* (es un *chakra* importante para mantener el equilibrio).

La luz blanca seguirá su camino descendente por tu interior hasta entrar en el *chakra* del plexo sacro, que es de color naranja y está situado por debajo del ombligo. Visualiza cómo la luz limpia el *chakra* y observa cómo elimina las impurezas y las emociones negativas de su interior.

Al final, la luz blanca llegará al *chakra* raíz, de color rojo y sito en la base de la columna vertebral. Obsérvala entrar en el *chakra* y limpiarlo, visualiza esa luz blanca abandonando el *chakra* raíz y llevándolo a través de la tierra para enraizarlo en el centro de la misma. Visualiza todos los apegos y emociones negativas, las impurezas y creencias negativas sobre ti mismo como si fuesen puntos oscuros y observa cómo son arrastrados hacia la tierra para ser purificados.

A continuación, corta el hilo de luz y observa cómo todas las negatividades caen a la tierra, sabiendo que ahora tus *chakras* están limpios y equilibrados.

Finalmente, mira cómo la luz blanca discurre alrededor de tu cuerpo de forma circular, creando una bola de luz perfecta a tu alrededor: has de saber que estás protegido por un innata divinidad. Observa cómo la luz blanca regresa a los cielos. Ahora estás equilibrado.

Primer día. *Chi* **(tierra)**

Obsérvate a ti mismo de pie frente a una enorme puerta de roble. Fíjate en lo sólida que parece la puerta y descubre una enorme manilla de oro en ella. Gira la manilla y abre la puerta, para a continuación atravesarla y asegurarte de que dejas la puerta atrás. Avanza y fíjate en que estás en el más hermoso de los jardines japoneses, que puedes escuchar el trinar de los pájaros y observar las flores en el jardín. Algunas de ellas son de los colores más espectaculares que te puedas imaginar. En el jardín hay un árbol precioso, con un tronco robusto y fuerte. El árbol tiene un frondoso follaje y sus raíces se hunden profundamente en el terreno. Acércate al árbol y fíjate que delante de ti, en el árbol, hay un hueco en el tronco donde puedes sentarte, y que ese hueco lo ha creado el árbol para ti. Siéntate y siente cómo tu energía se va fundiendo lentamente con la del árbol. Siente la fuerza de la tierra y de la naturaleza, que te rodean, siente la eternidad de vidas que lleva el árbol allí. Fíjate en lo enraizado y firme que está el árbol. Siente la fuerza del mismo, pero también su belleza universal y la energía que bulle en su interior. Visualiza cómo recibe y devuelve vida a la Madre Naturaleza, y cómo es un elemento vital para tu propia supervivencia. Siéntate un rato con este asombro por la tierra y disfruta de todas las sensaciones terrenales que te lleguen. Una vez que hayas acabado, regresa a través del jardín japonés y siéntete feliz y honrado por haber estado ahí para sentir la energía de la Madre Naturaleza. Regresa caminando hacia la puerta de roble al final del jardín y traspásala, asegurándote de cerrarla tras salir (ése también es un elemento de protección). Empieza a sentir el cuerpo una vez más mientras despiertas suavemente de tu estado relajado. Fíjate en la pesadez de los músculos y siente la respiración y la sangre palpitando por el cuerpo. Ahora has completado tu conexión con la tierra y sabes que puedes regresar ahí en cualquier momento que desees estar en ese espacio sagrado.

Segundo día. *Sui* (agua)

El agua es un don de la naturaleza a la humanidad. Puede ser suave o tan devastadora como la Madre Naturaleza tenga a bien. Necesitamos agua constantemente a fin de contar con las condiciones óptimas para el desarrollo.

Prepárate del mismo modo que antes, limpiando y purificándote mediante el ejercicio mencionado, y tira de nuevo de la manilla de la puerta de roble, cerrándola una vez que entres en el jardín japonés descrito en el ejercicio del primer día.

Fíjate que a lo lejos oyes el sonido de una bella cascada. Recorre el camino que discurre a través del jardín en dirección al sonido de la cascada. Observa que el sonido se va haciendo más claro según te acercas al agua. Empiezas a sentir su energía. Percibe cómo los animalitos que hay por esa zona no muestran ningún temor ante tu presencia, ya que también son uno con la naturaleza, como tú. Hay mariposas que revolotean felices alrededor de las radiantes flores del jardín. Continúas caminando por el jardín, y no tardas en llegar a orillas de la cascada. Observa la manera en que el agua cae por la cascada, girando y rodando, llena de energía. Fíjate en cómo se riza sobre sí misma cuando llega a la base, y cómo evita todos los obstáculos que halla en su camino al discurrir río abajo. Ten consciencia de su vida y su muerte, de lo suave que puede parecer y de cuán potente puede ser a veces el agua. Sé consciente de que puedes ser como el agua, que puedes fluir siguiendo el ritmo de la naturaleza. Fíjate en que el agua no permanece quieta, ni siquiera cuando se calma para reunirse conformando un estanque. Su energía le insufla vida constantemente. Si intentas recoger un puñado de agua descubres que te resulta imposible a causa de que el movimiento constante disipa el agua. Has de saber que tú eres igual que esa agua. Una vez satisfecho, regresa a través del jardín y cierra la puerta tras de ti, sabiendo que estás seguro y a salvo. Siente una vez más que tu cuerpo físico está vivo al salir de tu estado relajado.

Tercer día. *Ka* (fuego)

Vuelve a descubrirte en el jardín y fíjate que en medio de él hay un claro con una bonita y cálida hoguera. Escucha el crepitar del fuego y siente la calidez y energía que el fuego te transmite al acercarte. Fíjate en que una luz resplandeciente baña la zona de calor. Reconoce que esa calidez resulta revitalizadora y que ofrece bienestar cuando se necesita. Observa de qué manera está la vida conectada a través de esta necesidad de sentir la comodidad y el alivio en el interior de la hoguera y de ti mismo. Observa lo explosivas que pueden resultar las llamas y cómo consumen todo lo que encuentran a su paso. Has de saber que tú eres uno con esta energía y que en tu corazón arde el fuego y la pasión por el universo que te creó. Sé consciente de que tú también puedes ser explosivo y controlado. Siente la energía y comprende que formas parte de ella y que puedes utilizar su poder etéreo siguiendo tu voluntad e intención con la mirada puesta en el bien supremo. Sé consciente de que la energía que introduces en tu vida en un sentido positivo tendrá su recompensa.

Cuarto día. *Fu* (viento)

En esta ocasión te descubres en la base de un hermoso jardín japonés. Ves el camino que conduce al final del jardín y a una puerta dorada. Camina hacia esa puerta y ábrela para pasar a la base de una montaña con un serpenteante camino dorado que discurre por la pendiente hasta alcanzar la cima. Estás rodeado de muchos animales. Debes elegir uno como compañero en este viaje. ¿A cuál elegirás? Cada animal es un tótem y un ofrecimiento del mundo espiritual. Al empezar a ascender sientes el sol en tu rostro y su suave calidez te proporciona una sensación de seguridad. Tu energía vibracional aumentará y te irás sintiendo más ligero según asciendas.

Empiezas a sentir una suave brisa a tu alrededor. Al fundirte con esta energía te parecerá más y más reconfortante. Poco después te encontrarás en la cima de la montaña y tendrás la sensación de que la brisa arrecia cada vez más, hasta que es lo suficientemente potente como para soplar a través de ti. De repente, como si fuese un ángel celestial, el viento aumenta su fuerza y se te lleva en su corriente de energía. Vuelas por encima de la tierra y aprecias la belleza que te rodea. Te tornas como el viento: una energía invisible que se siente, pero que nunca se ve. Fíjate en la manera en que los árboles se inclinan y se mecen, en cómo acompañan el fluir del movimiento natural, que es la esencia del viento. Has de saber que tú eres esa energía y que puedes utilizar su poder en cualquier momento. El viento te devolverá a la puerta de roble con inusitada dulzura. Cuando estés listo, atraviesa la puerta y asegúrate de cerrarla al salir. Vuelves a estar en tu habitación, a salvo en el cuerpo.

Quinto día. *Ku* (vacío)

Éste será el último día de tu práctica meditativa y cuando unirás todos los elementos de la naturaleza, creando la energía que comprende tu espíritu único. Descúbrete en el centro del hermoso jardín japonés. Observa la belleza que te rodea y cómo crecen los árboles, escucha el trinar de los pájaros y siente la calidez del sol. Oyes la cascada, a lo lejos y sientes una suave brisa que te rodea y conforta, como si fuesen las afectuosas alas de un ángel. Siéntate un rato en medio del jardín y hazte uno con la naturaleza. Disfruta de la calma que hay en tu alma y sé consciente de que estás totalmente protegido por tu divinidad y la chispa divina que permea toda la naturaleza. Sé consciente de que eres uno con toda la naturaleza y, que puedes utilizar ese conocimiento y energía en tu práctica del *budo*.

¿Qué deberías esperar?

Éste es un plan orientativo de cinco días de meditación. No deberías esperar demasiado y sí ser consciente de que la práctica meditativa puede tener importantes efectos en tu mente, cuerpo y alma. Si la realizas de manera adecuada y con convicción, te sentirás sosegado, serás capaz de identificar respuestas en lugar de seguir buscándolas vanamente y aprenderás el proceso de cocrear tu destino y manifestar tus sueños y deseos. En el *dojo* aprovecharás tu energía física con tu propia mente y tu cuerpo, y empezarás a comprender el movimiento intuitivo y continuado de lo que será tu nuevo espíritu.

Te liberarás de las cadenas del pensamiento consciente y restringirás la actividad del ego. Sentirás las cosas antes de que sucedan. Como dije anteriormente: «Antes de ir, ya habrás llegado». Una buena práctica que puedes desarrollar es mantener tu diario y anotar las sensaciones que sientes durante y después de la meditación. Podrás remitirte a esas notas en cualquier momento a fin de señalar tu progreso y comprobar tu crecimiento espiritual. Concreta sobre todo cómo cambia tu práctica marcial. También pudieran tener lugar importantes cambios en tu vida, sobre todo si continúas con este plan. Basa tus observaciones en un ciclo de cinco meses. Descubrirás que te sientes mejor contigo mismo que antes, y más tranquilo, que eres más comprensivo, cariñoso y compasivo. Quizá descubras igualmente que comprendes las opiniones ajenas con más empatía y que ha aumentado enormemente tu nivel de tolerancia. Sea lo que sea lo que descubras, será en tu beneficio y en el del resto de la humanidad. También puedo garantizarte que reconocerás las intuiciones con más facilidad y que estarás dispuesto a aprender cómo utilizarlas.

Meditar físicamente con el *Sanshin Kata*

Como prometí anteriormente, me gustaría enseñarte cómo realizar el mismo tipo de ejercicio meditativo, pero en lugar de sentarte tranquilamente, realizarás el *Sanshin Kata* mientras utilizas la técnica de visualizar no sólo el movimiento sino la energía sentida mientras ejecutas el *kata*. En las páginas siguientes presento el *Sanshin Kata* tomado directamente del *densho* (rollo), pero tras cada movimiento he añadido mis propias palabras a fin de explicar la esencia del movimiento y cómo unir mente y cuerpo en uno.

El *Sanshin no Kata* también se conoce con los siguientes nombres:

- *Sho shin go-kei Go-Gyo no Kata.*
- *Shoshin go Gata.*
- *Gako no Gata.*
- *Goshin no Kata.*
- *Sanshin no Tsuki.*
- *Sanshin no Kata.*

Recuerda que esos nombres no son importantes: un nombre no te mantendrá con vida en la intensidad del momento. Debes aprender a moverte con naturalidad y conocer los fundamentos de cada movimiento.

¿Qué significan los nombres de los *katas*?

El *kata* de tierra (*chi*) representa la manera más natural de atacar, mediante un movimiento oscilante que se convierte en una forma de puñetazo que se asesta con toda la energía. Se realiza de forma muy parecida a como un soldado balancea los brazos de manera natural siguiendo el ritmo del cuerpo al desfilar. También es el trabajo de base (tierra) de nuestro *taijutsu*. Recuerda que la tierra es la base de lo que somos materialmente y que la tierra recibe y da, de la misma manera que nosotros recibimos un golpe y nos permitimos aceptar la energía y luego devolverla. De este modo tememos menos y sabemos que podemos recibir en lugar de bloquear y golpear con el poder de la naturaleza. El *kata* de agua (*sui*) y el *kata* de fuego (*ka*) son golpes mortales al cuello. La palma de la mano hacia arriba (*Omote Shuto*) en *sui* representa las gotas de lluvia que caen en la mano, desde el cielo a la tierra. *Ka* es la luz. La palma hacia abajo que contiene el agua (*Ura Shuto*) se pone en el fuego, apagándolo (los golpes mortales). Los golpes *fu* (*Boshi Ken*) golpean la zona de la ingle y afectan la zona de la fertilidad. Deberían detener la vida antes de que dé comienzo. Al golpear debes fluir con el viento. *Ku* (cielo vacío) utiliza *Chosui Dori*, que es cuando debes aprender a aprovechar el momento: cuándo bloquear y cuándo avanzar. Claro está, es más fácil decirlo que hacerlo, y cuando empiezas a comprender tus sentidos intuitivos, empiezas a poder moverte intuitivamente, sin pensamiento consciente. Recuerda: antes de ir, ¡ya habrás llegado! Ése es el epítome del movimiento intuitivo. Imagina lo avanzada que será tu práctica marcial cuando puedas reaccionar al pensamiento consciente del individuo, en lugar de esperar el movimiento manifiesto. Piensa en la importancia potencial de esta técnica, y en las numerosas aplicaciones en las que sería de utilidad. Imagina, si quieres, al director comercial que puede actuar según una decisión que *tomará* un competidor, o en la utilidad de poder anticipar acontecimientos financieros.

Chi (*tierra*)

A partir de *Shizen* –que es una postura natural–, retrocede con el pie derecho hasta adoptar *Shoshin no Kamae*. Avanza con el pie derecho y golpea con un *San Shitan Ken* derecho. El brazo debe oscilar desde el hombro como un péndulo. Eso te ayudará a generar energía natural. Aprende a visualizar cada movimiento como una forma que denote la esencia de la sensación de tierra. Puede que desees visualizar un sauce que recibe y da: está enraizado y se inclina con el ritmo de la naturaleza. Tal vez visualices los rayos del sol al iluminar la tierra, ayudando a crear la vida. Puedes visualizar tu cuerpo como raíces que se hunden en el suelo, que se desarrollan y se extienden por el resto de la naturaleza. Mientras realizas este movimiento, intenta sentir la energía en movimiento. Sé consciente de la tierra bajo tus pies y comprende que vives en un mundo de unidad, no de dualidad.

Sui *(agua)*

Desde el *Shoshin no Kamae* izquierdo, retrocede a la derecha con el pie derecho y ejecuta un *Jodan Uke* izquierdo. Avanza con el pie derecho y realiza un *Omote Shuto* derecho. Visualiza una catarata y observa el fluir del agua, creando un movimiento circular repleto de energía y vitalidad. Sé consciente de que el agua puede otorgar vida o quitarla, y que eres libre de potenciar el poder etéreo del agua. Sé consciente de que, poseyendo el fluir e intención adecuados, no pueden vencerte, pues el agua acaba disipándose. El agua es vivificante y refleja la auténtica naturaleza de nuestra existencia física. Es compasiva al otorgar vida, y resuelta al quitarla. Tú posees, del mismo modo, un yin y un yang natural.

Ka *(fuego)*

A partir del *Shoshin no Kamae* izquierdo, retrocede a la derecha con el pie derecho y ejecuta un *Jodan Uke* izquierdo. Avanza con el pie derecho y realiza un *Ura Shuto* derecho. Visualiza el fuego como una energía dominadora que es explosiva en su movimiento. Puede ser cálida y sensible o potente y destructiva. Sé consciente de que con cada movimiento estás utilizando la energía del fuego. Tal vez podrías utilizar esa sensación en el mundo de los negocios, siendo explosivo en tus decisiones, sin temer aceptar los riesgos. La calidez puede tomar la forma de un amor sincero, que demuestras hacia tus semejantes. Puede ser lo que te permita amar incondicionalmente, y puede manifestarse en la calidez que demuestras para con tu familia. Claro está, debes mantener el equilibrio: tu capacidad destructiva debe estar equilibrada por el amor y control de la naturaleza. Vuelve a ser un ejemplo de yin frente a yang.

Fu *(viento)*

A partir del *Shoshin no Kamae* izquierdo, retrocede a la derecha con el pie derecho y ejecuta un *Gedan Uke* izquierdo mientras avanzas con el pie derecho. A continuación retrocede con el pie izquierdo y realiza un *Boshi Ken* derecho. Visualiza la energía del viento y lo destructiva que puede llegar a ser. Fíjate en que no lo oyes llegar hasta que es demasiado tarde para evitarlo. Al moverte, encarna la fuerza destructora de un tornado y golpea con la energía del viento tras de ti. Muévete de manera que "estés allí antes de ir": ése es el poder del viento. La suavidad del viento también puede resultar clemente y reconfortante cuando se siente alrededor. De ese modo puedes permitir que un adversario se derrote a sí mismo, tanto en la sala de juntas como en el marco de las relaciones familiares o en otros entornos externos.

Ku *(vacío)*

A partir del *Shoshin no Kamae* izquierdo, retrocede a la derecha con el pie derecho y ejecuta un *Gedan Uke* (barrido hacia abajo) izquierdo mientras realizas un *Shako Ken* derecho. Luego realiza un *Zenpo Geri* (patada hacia delante) derecho. Empieza a visualizar que eres uno con toda la naturaleza y que en tu interior está la energía de todos los elementos. Obsérvate a ti mismo como una luz blanca que puede viajar y moverse sin impedimentos. Puedes disponer de todo el poder de la naturaleza, y conoces y sientes toda la sabiduría: pues en el interior de ese vacío está la energía que permea y cocrea.

Sellos de manos *kuji in*

A continuación hablaremos de la realidad de los *kuji in* y acabaremos con muchos mitos respecto a esta práctica esotérica. Por desgracia, Hollywood ha considerado que es una práctica ocultista, que proporciona al individuo poderes sobrenaturales ocultos. Sin embargo, en realidad *kuji in* es una práctica espiritual que se desarrolló para aumentar la energía universal concentrándose en la intención y el uso de manos y dedos entrelazados para crear "sellos" simbólicos. Existen, desde luego, muchos maestros por ahí que estudian esta forma de esoterismo, y muchos libros y escritos que lo apoyan. No ha sido una parcela trabajada únicamente por los *ninjas*, pues la base de estas formas procede de las tradiciones budistas y pueden remontarse sobre todo a las de Asia oriental. Habría tantas cosas que decir sobre *kuji in* que podría escribir todo un libro sobre el tema. Sin embargo, para este ejercicio sólo repasaré lo básico, a fin de ofrecerte una evaluación de este tipo de esoterismo y su práctica.

Hay *mudras* (ademanes) en los que los dedos entrelazados conforman formas geométricas que, cuando se utilizan con los sonidos de mantras, pueden catapultar al practicante a un estado trascendente y abrir las nueve puertas innatas de energía. Sin embargo, mi experiencia se limita a que es posible obtener el mismo resultado con unos pocos minutos de meditación. ¿Cómo, si no, podría conectar con el mundo espiritual a fin de transmitir los mensajes de la vida después de la muerte, de amor y esperanza? Pero, para algunos, los *kuji in* son una práctica necesaria para ayudarlos a trabajar con la energía y entrar en trascendentes estados de consciencia meditativos.

De hecho, los *kuji in* te abren a sus capacidades psíquicas innatas a través de sus estados meditativos, que prácticamente no se diferencian en nada del tipo de prácticas meditativas descritas anteriormente en este libro. La mayoría de los maestros de *budo* han abierto esas puertas psíquicas –bien mediante prácticas *kuji in*, bien mediante meditación y práctica de artes marciales–, ¡y algunos ni siquiera son conscientes de ello! Por experiencia personal sé que Hatsumi es muy psíquico, pero creo que esa aptitud no tiene nada que ver con los *kuji in*, sino que más bien sería atribuible a su innata espiritualidad. En cuanto a mí, entro en el estado trascendente de manera natural, sin los *kuji in*, y mi objeto es enseñarte a ti cómo hacerlo. Sin embargo, no estoy defendiendo que te olvides de la práctica *kuji in*. Todo tiene su momento y su lugar. Por ejemplo, la práctica puede reducir los problemas con los procesos de pensamiento discursivo. Si funciona para ti, bien está.

En este libro no intentaré enseñarte cómo utilizar los *kuji in*, pues eso requiere muchos años de práctica y comprensión, y hay otros muchos libros dedicados a ese tema. Un buen sitio por el que empezar es a partir de las obras sobre el tema de François Lépine, o con el compañero *buyu* (grupo de "amigos guerreros" del Bujinkan), el doctor James Clum, cuya obra autopublicada es excelente. Existen nueve símbolos –también llamados *puertas de poder*– y cada uno tiene su propio significado. El número nueve simboliza terminación en el sistema budista. Cada símbolo consiste en un *mudra* (ademán), *mantra* (sonido) y *mandala* (pensamiento). Son los siguientes:

Rin   Refuerza los aspectos físicos y mentales de la energía del ser.

Kyo   Aumenta el flujo de energía y el control de *cuerpo de energía* (aura).

Toh   Fomenta la relación universal, creando armonía y equilibrio.

Sha   Acelera la curación y regeneración del cuerpo a ambos niveles, espiritual y físicamente.

Kai   Desarrolla la premonición y la intuición y aumenta la capacidad de sentir el cuerpo de energía.

Jin   Fomenta la telepatía, la comunicación y el conocimiento interior, es decir, la clariaudiencia.

Retsu Refuerza la percepción y el control de las dimensiones espacio temporal (clarividencia).

Zai   Alienta las relaciones con la naturaleza.

Zen   Aporta iluminación.

La clave para utilizar estos nueve símbolos, y probablemente la única constante, es que hay que emplear diversos grados de intención a fin de activarlos. Para alcanzar el estado de ánimo deseado debe producirse efectivamente la visualización, intención, emoción y creencia necesarias. ¿No te suena? Los mismos requisitos previos aportarán los mismos beneficios a través de la meditación, sin toda la "pompa y circunstancia" implícita en los *kuji in*. También se ha dicho que el *kuji in* es una práctica meditativa, pero según mi comprensión profesional de la meditación, no estoy seguro de estar totalmente de acuerdo. Para mí, el *kuji in* es un método para concentrar los esfuerzos espirituales y una forma de "conmutador" que nos permite meditar o activar canales de energía oculta en uno mismo. Sin embargo, la cualidad meditativa del *kuji in* está abierta a la interpretación individual, por lo que no hay una respuesta categórica en uno u otro sentido.

En la práctica, los *mudras* se entrelazan para crear formas que tengan un sentido y una intención simbólica. Lo que puede que no sepas es que el entrelazamiento de los dedos también activa ciertos puntos en meridianos del cuerpo, que son canales de energía, al igual que los *chakras*. Esa energía baila junto con los *chakras* para crear el vínculo y el lazo con los estados de consciencia más elevados. Esos estados de consciencia más elevados guardan una correlación directa con tus *chakras* y cuerpo de energía, que son tus puertas al mundo del espíritu y que conforman la interconexión natural con el universo.

Cortes simbólicos *kuji kiri*

Tal vez los hayas visto practicar cuando Hatsumi *Sensei* "corta" símbolos en el aire con sus dedos. También aparecen en casi todas las películas de *ninjas*: realizan los cortes y con ello parecen obtener poderes místicos. ¿Por qué los cortes? *Kuji kiri* quiere decir, literalmente, "nueve cortes simbólicos". Esos movimientos invocan la entronización de nueve sistemas de energía (o sellos) que, cuando se activan, ayudan a facultar al oficiante. Igual que la energía de la intención se coloca en el sello en el *kuji in*, al cortar el *kuji kiri* se utiliza el mismo sentido de intención, a fin de utilizar los sellos para curar y obtener intuiciones. En pocas palabras, el *kuji kiri* es la comunicación o el vínculo entre el universo y tu consciencia más elevada. No sólo los utilizan los *ninjas*, sino que también usan estos nueve cortes simbólicos muchos monjes, sacerdotes y practicantes de otras religiones y artes. Como maestro *reiki* (arte curativo japonés), a menudo corto los símbolos *reiki* para activar esta intención o el poder de los sellos *reiki*. Hay que señalar que el fundador del *reiki*, el doctor Usui, era, de hecho, maestro en muchas artes *budo*. Estos cortes simbólicos ayudan a crear concentración mental y activan la intención que subyace al acto físico. Es como si le dijeses a la mente: «Muy bien, estoy listo para meditar. Debes sosegar el lado consciente de mí mismo para que pueda tener acceso y controlar mi yo superior en mi beneficio o en beneficio de aquellos a quienes esté sirviendo en ese momento, para su provecho». De este modo puedes expresar espiritual y físicamente tu intención y crear un espacio sagrado para ti, de manera que puedas pasar a ese estado trascendente de superconsciencia.

Como puedes ver, no hay nada verdaderamente místico en el *kuji kiri*. No es una práctica necesaria cuando puedes lograr los mismos resultados utilizando tu intuición o capacidad vidente natural o practicar unos simples diez minutos diarios de meditación.

El Tercer Anillo

El desarrollo psíquico y su papel en el *budo*

«Un respetado erudito budista dijo en una ocasión: "La arquería no se practica únicamente para alcanzar el blanco; el espadachín no esgrime el sable sólo para superar a su oponente; el bailarín no danza sólo para ejecutar ciertos movimientos rítmicos del cuerpo. Primero la mente ha de armonizarse con el inconsciente".»

D.T. Suzuki

¿Para qué desarrollarlo?

Sí, ya sé lo que estás pensando (¡que soy vidente!). Bromas aparte, probablemente te estás preguntando: «¿Por qué iba a querer desarrollar capacidades psíquicas o videntes?». La verdad es que la mayoría tiene cierta imagen acerca de qué es un médium psíquico, un adivino o un vidente. Estoy seguro de que tus impresiones al respecto son inexactas. Al principio, tal vez no llegues a captar el alcance del poder divino con el que todos contamos en nuestro interior, o la manera en que la divina providencia ha desempeñado un papel al poner este libro en tus manos.

Sin duda algunos de vosotros habréis imaginado a una persona sabia y anciana sentada con una mística bola de cristal, unas cartas del Tarot o incluso observando el agua. Permitid que os ilumine: yo soy muy espiritual, extremadamente vidente y médium, y desde luego, no soy ningún ángel, ni miro en el interior de bolas de cristal ni de nada por el estilo. Soy un tipo de aspecto normal. Si te cruzaras conmigo por la calle no repararías en mí, y de hacerlo, ni siquiera sospecharías de mis capacidades psíquicas.

Imagina que pudieras aprovechar el poder con el que cuentas en tus manos, que pudieras manifestar un vida más feliz. Estoy seguro de que de ser ejecutivo o empresario podrías percibir las ventajas de poder realizar ventajosas decisiones en la sala de juntas. Podrías saber intuitivamente si deberías hacer negocios con un cliente o con un colega con sólo utilizar la intuición, o tal vez tener una sensación intuitiva acerca de lo que sucede en los mercados. La verdad es que desarrollar el lado intuitivo en el *dojo* puede enriquecerte la vida en todas las direcciones, sin tener que esperar sentado en lo que en este tipo de trabajo denominamos un "círculo de desarrollo".

Todos los desarrollamos por distintas razones, y algunas personas los desarrollan únicamente para satisfacer sus egos y su deseo de alguna forma de fama y fortuna. Otros desarrollarán sus sentidos intuitivos porque han experimentado alguna clase de suceso paranormal y algunos lo harán sólo por curiosidad. ¿Por qué deberíamos desarrollar esos sentidos en las artes marciales? Permite que te plantee una situación hipotética: imagina que te enfrentas a un atacante en la calle que pudiera esgrimir un arma peligrosa con la intención de robarte o, peor aun, de matarte y tal vez a tu compañero también, en caso de ir con alguien. Ahora bien, como individuo, llevas muchos años estudiando artes marciales e incluso quizá puedas tener una formación polivalente en otras artes. Has estudiado el *densho* o el programa de estudios de tu estilo de elección, y gracias a todo ese esfuerzo, ahora puedes decir de corrido los nombres de todas las técnicas. Puedes demostrar las técnicas y sin duda también eres competente a la hora de enseñar dichas técnicas a otros. Puede que incluso tengas tu propio *dojo* e impartas clases regularmente. Pero imagina que ese atacante se lanza contra ti con toda la fuerza que puede reunir y que luego se le unen sus amigos. La energía es agresiva, y te llueven puñetazos, patadas y golpes desde todas las direcciones. Tu mente está desorientada y lo único que sientes es un montón de puñetazos y patadas que te causan un extremo dolor. No sabes qué hacer y, a la desesperada, intentas utilizar esas técnicas enterradas en las profundidades de tu mente consciente, cuando tomas la decisión de tratar de devolver los golpes. Pero por mucho que lo intentas, no parece que hagas muchos progresos. Es el momento en que la sangre de tu ceja rota empieza a cegarte. Pierdes toda esperanza. Tú y tu compañero os veis violentamente tirados al suelo, lo que os provoca más dolor. Ahí estás tirado, sufriendo mucho. No entiendes de dónde sale todo ese dolor. Sientes la paliza de manera muy distinta a incluso la más dolorosa sesión de entrenamiento experimentada en el *dojo*. El costado te duele constantemente y lo sientes húmedo y mojado. Para tu horror, descubres que tu camisa está empapada en sangre y te percatas de que te acuchillaron en medio del asalto. Te sientes conmocionado y el corazón late desbocado. El tiempo parece detenerse y tu visión se torna negra, y lo último que oyes es el sonido de unas sirenas.

Comprendo que este escenario te parezca bastante espantoso, y obviamente no es el tipo de situación a la que querrás enfrentarte. Sin embargo, existe un poder asombroso en tu interior que podría salvarte la vida, junto con la de tu compañero. Es innato y está profundamente enterrado en nuestro interior. Los seres humanos contamos con un instinto de supervivencia que parece salir de la nada cuando lo necesitamos. Por ello, algunas personas pueden sobrevivir incluso en las condiciones más peligrosas, tanto si se trata de secuestros o actos terroristas, como si se encuentra en una posición en la que están desamparadas y han de sobrevivir en un territorio muy vasto y peligroso. Sin embargo, existe una paradoja: la mayoría de nosotros negará y reprimirá ese instinto de supervivencia, incluso ante la posibilidad de convertirse en "un desaparecido más".

No hace mucho recibí una llamada telefónica de un joven

que era primer *dan* (cinturón negro) en taekwondo y que llevaba mucho tiempo estudiando. Me contó que durante sus vacaciones fue víctima de un grave ataque no provocado. También
me dijo que se quedó muy sorprendido porque, a pesar de todos sus años de práctica, fue incapaz de defenderse durante el
ataque. Por mucho que lo intentó, no pudo ser más hábil ni hacer frente a sus atacantes con lo que sabía. Me dijo: «Jock, me
dieron la paliza de mi vida y no pude defenderme, aunque soy
cinturón negro».

Amigos míos, la verdad es que por mucho que podáis estudiar y practicar las facetas fundamentales del arte que es-
tudiéis, la verdad es que es posible que no seáis capaces de
defenderos. Ésa es la razón por la que deberíais desarrollar
vuestros sentidos intuitivos y capacidades psíquicas o videntes naturales a través del estudio del *budo* o del arte marcial
de vuestra elección, abriendo vuestro espíritu a la auténtica
espiritualidad, que no encontraréis en las creencias religio-
sas. Permitid que explique esa afirmación. He hablado del instinto de supervivencia natural, que es primario y constituye
una parte natural de nuestro ser. Al ser víctimas de un ataque violento, la intuición natural tendrá un modo de avisa-
ros del peligro, pues al entrenar todos los sentidos y vuestra
mente, cuerpo y alma, seréis capaces de detectar y reconocer
cambios sutiles de energía. Esta forma de percepción es mucho más extensa de lo que podéis imaginar y está más allá de
vuestros sentidos físicos. Con la práctica, todos los sentidos
funcionarán a la vez, como una única unidad espiritual. No se

puede determinar cuándo alcanzaréis esta iluminación porque está más allá de la percepción consciente, pero cuando suceda os daréis cuenta. Tal vez sea de eso de lo que habla Hatsumi *Sensei* cuando se refiere a trabajar en una dimensión superior.

La prueba *Godan*

En el Bujinkan existe una prueba por la que se pasa para llegar a *Godan* (quinto *dan*). También tiene otros muchos nombres, uno de ellos *Sakki*, que no es la bebida alcohólica, en caso de que estés imaginando algo así. Como son muchas las historias que circulan acerca de esta prueba, explicaré únicamente cómo funciona en teoría.

La prueba incluye a un *shihan* (elegido por el doctor Hatsumi) y un estudiante. El *shihan* elegido permanecerá detrás del estudiante mientras éste se arrodilla en la otra dirección, sin ver al cortador tras él. La persona que administra el golpe con el *bokken* (espada de práctica de madera o bambú) lo hará en un momento adecuado, cuando sienta que ha reunido interiormente una verdadera intención de matar. El estudiante sometido a la prueba debe ser capaz de sentir intuitivamente la formación de esa intención de matar tras él a fin de esquivarla en el momento adecuado.

Cuando me sometí a la prueba, fui muy afortunado al haberme sentado bajo la orientación de varias personas, que también se hallaban presentes. Le pidieron a Duncan, uno de los *shihan* australianos que practica en Japón, que administrase el golpe de prueba, y siguiendo algunas enseñanzas y charlas sobre la prueba a cargo de otros practicantes de grados superiores, tuve la oportunidad de sentarme para intentarlo. Tras dos golpes de ensayo con el *bokken*, finalmente me abandoné al tirón de la intuición innata de mi cuerpo para apartarme del camino del sable. Para intentar describir todo esto en términos más comprensibles, le pedí a Andrew –también un *shihan* australiano, que anteriormente me había apremiado a encontrar la manera de reforzar mi *taijitsu*– que añadiese sus pensamientos para explicar la idea de la prueba *Sakki* y *Godan*:

«El Bujinkan es el lugar en que se intenta reconocer las leyes de la naturaleza, la verdad sobre la naturaleza humana, y ser capaz de atravesar las ilusiones, no simplemente aprender trucos, sino ver la verdad: sobre una persona, una situación, o el todo del que formamos parte. Estudiar artes marciales es intentar humillarse uno mismo a fin de obtener conocimiento sobre las propias habilidades, el espíritu/corazón y la capacidad general. Comprender el *budo*, o el *bushido* –el camino del guerrero, único y difícil–, es unir esos aspectos a fin de controlar tu propio ser, aceptar y comprender lo que significa vivir en el "filo de la navaja", entre la vida y la muerte.

»El *Sakki* en el Bujinkan no es ni una prueba sobre la capacidad técnica ni sobre conocimiento. Esa responsabilidad pertenece a quienes te enseñan, mientras que la tuya es asegurarte de que el conocimiento de tu *taijutsu* no está dirigido por el ego o que tus capacidades físicas no son inferiores o deficientes debido a la pereza. No calibres tus expectativas basándote en el tiempo invertido. ¡Esa parte de tu aprendizaje requiere de un esfuerzo sostenido a lo largo de años! El propósito de la prueba es despertar al estudiante al instinto y al funcionamiento del mundo natural. Es un principio, en la práctica, para entender que confiar en nuestro instinto y "sensación" es la manera de sobrevivir realmente, tanto moral como físicamente.

»Pasar la prueba no debería considerarse un logro, sino más bien un paso humilde, porque al pasar *Godan* surge tu propia mortalidad para que la tengas en cuenta: la prueba es un espejo que debe proporcionarte una percepción acerca de tu posición en el "universo".

»La graduación en el Bujinkan y en otras artes *budo* a veces tiene lugar antes de alcanzar la capacidad necesaria para ese rango. Por eso, realizar esa prueba debe ser una experiencia humilde, ya que define el principio de *mushin*, donde tu *taijutsu* empieza a autoexplorarse.

»Jock sabe muy bien que digo la verdad, que valoro la práctica, las capacidades y la verdadera habilidad, no se trata de una jactancia en beneficio propio. Créeme, ya hay mucho de eso en este mundo. Tal y como hicieron conmigo mis maestros de *budo*, yo también trato de infundir la importancia de este entendimiento, algo en lo que le he insistido mucho a Jock. También creo que formamos parte de algo más grande, de lo que existen indicios más allá de los cinco sentidos. Como *shinobi-no-mono*, debemos considerar seriamente lo que aprendemos en *Godan*, y poner siempre en cuestión lo que percibimos, despejar cualquier niebla o descorrer cualquier tupido velo en nuestro viaje de descubrimiento de la verdad. De este modo –con comprensión, buen corazón y humildad–, acabarás realizando una verdadera comprensión del *budo*».

ANDREW BEATTIE

Shihan (FuDan), Bujinkan *Dojo* Shihan

Mi opinión sobre *Godan*

Soy consciente de que muchas personas tienen sus propias opiniones sobre la prueba *Godan* y sin duda se han bebido muchas cervezas hablando de lo bueno o malo que resultó la prueba para éste o aquél, quién debería y quién no debería pasar la prueba. He escuchado esas conversaciones e intentado añadir mis propias opiniones, de vez en cuando, pero mis pensamientos suelen caer en oídos sordos. Los hay que consideran que siempre saben todo mucho mejor y a menudo juzgan sin la debida consideración o comprensión. Lo cierto es que no tenemos nada que decir acerca de quién pasa y quién falla, y sólo Soke tiene la última palabra.

Lo que estoy a punto de compartir aquí incluye mis opiniones sobre la prueba *Godan,* y sé que eso fastidiará a algunos, mientras que otros estarán de acuerdo conmigo. No pretendo que todo el mundo esté de acuerdo conmigo, ya que a veces es necesario tener opiniones diferentes para continuar con nuestro desarrollo. Mis opiniones se basan en mi experiencia como vidente y médium profesional, y son las de alguien que entiende el mundo espiritista mejor que muchos. Recordarás que dije que Soke era alguien increíblemente intuitivo y psíquico. Tiene una percepción de las personas desconocida para mí, y es capaz de armonizarse con el *kokoro* (corazón) de un individuo. Sin embargo, también hay que ser consciente de que no es divino y sí muy humano, y que por ello no está exento de juicios apresurados, ni libre de realizar elecciones equivocadas. Debemos ir con ojo y no dirigir hacia él nuestra veneración, sino aprender de él como profesor y maestro de las artes. Sin embargo, su capacidad vidente me impresiona y sé que él no se considera como tal. Tal vez un día dispondré de la oportunidad de hablar de este tema con él, si no ahora en el plano terrenal, entonces seguramente cuando fallezca, aunque espero que todavía quede mucho tiempo hasta entonces.

El circuito de la intención

Quiero hablar de la *intención* de la que hemos estado hablando antes, y para ello utilizaré unos cuantos ejemplos. En primer lugar, estamos rodeados de intencionalidad todos los días de nuestras vidas, y probablemente utilizamos dicha intención varios cientos o incluso varios miles de veces al día sin saberlo o sin ni siquiera darnos cuenta de que existe. Imagina que estás sentado en tu silla favorita y que llega a tu mente el pensamiento de tomar un café. Entonces decides que prepararás ese café, pero a fin de lograrlo deberás incorporarte. De repente, tus músculos empiezan a contraerse y moverse de acuerdo con el circuito del pensamiento que determina tu movimiento. Ahora bien, para comprender ese circuito y la intención, es necesario que puedas reconocer el cambio en la energía universal que te rodea, y que puedes percibir en tu propio cuerpo de energía y a través del sistema de *chakras*. No podrás lograrlo ahora, inmediatamente, pero espero que perseverar siguiendo las prácticas de este libro te ayudará a reconocer esa sensación.

Russell Targ afirma que, «aunque cada uno de nosotros habita obviamente un cuerpo físico separado, los datos de laboratorio a lo largo de cien años de investigación parapsicológica indican que no existe separación en la consciencia».

Esa afirmación es muy profunda, pero básicamente no hace sino describir que todos somos parte de la energía natural que lo permea todo y que manifiesta todo lo que existe en el mundo y en el universo. Así pues, el primer paso para aprender a reconocer y sentir la energía a tu alrededor es aceptar que eres uno con el universo y no vivir en un mundo de dualidad.

¿Cómo se correlaciona eso con determinar la intención durante la prueba *Godan*? Bien, tengo una teoría que denomino "el circuito de la intención", y se trata del mismo circuito que enseño a mis estudiantes, estén en el nivel que estén. Comprender este circuito te ayudará a sintonizar con la energía que te rodea.

Mostraré lo que sucede durante el desarrollo de una prueba típica para así explicar el mecanismo de la intención desde un punto de vista espiritual y psíquico. Utilizaré algunas de mis propias sensaciones como parte de esta presentación, pero es necesario tener claro que se trata de mi percepción, que bien pudiera ser distinta de la tuya. Sin embargo, esta información aparece aquí para ayudarte a comprender el circuito de la intención.

Durante el desarrollo de la prueba *Godan*, el *shihan* elegido se hallará detrás del estudiante que se somete a la prueba. Normalmente, el estudiante se sentirá algo nervioso. Antes de mi prueba, yo sentía que tenía que someterme a ella entrando en mí mismo, abriendo mi propia energía o aura. Esa pudiera ser la misma impresión que tienen otras personas. Mientras el *shihan* está detrás, empieza a crear la intención visualizando un acto de agresión hacia el estudiante. Fue lo que supuse en ese momento, pues realmente no sé lo que sucede en la mente de cada *shihan*. Eso se convierte en una forma de pensamiento negativo que se acumulará en el campo áurico y será transmitido a través de los canales telepáticos, que en ese momento se habrán solapado entre sí. Si la intención o la forma de pensamiento no atrae magnéticamente sino que repele,* el individuo que se somete al test lo reconocerá (esperemos) en el campo de energía a un nivel espiritual superior y esquivará el golpe. Esa evasión no se realizará a un nivel consciente, sino más bien a nivel espiritual. Esa evasión es la manifestación de una voluntad natural e intuitiva que quiere sobrevivir a pesar

---

* Se debe a una energía negativa de carga positiva que no corresponde vibratoriamente.

de todas las desventajas, y procede del espíritu interior (la psique). Ahora ya conoces mi teoría del circuito de la intención, que pudiera ser de ayuda a la hora de comprender cómo reaccionamos frente a la intención.

Este tipo de intención intuitiva también resulta evidente en el reino animal. El famoso biólogo Rupert Sheldrake escribió sobre este tema en su libro *El séptimo sentido*: «La posibilidad más evidente es que evolucionase en el contexto de las relaciones depredador-presa. Las presas que pueden detectar cuando los depredadores les observan, probablemente cuentan con más oportunidades de sobrevivir que las que no lo detectan».*

En la esfera de los *ninjas* se pone gran énfasis en el mundo natural y en el reino animal. También es evidente en elementos del kung-fu tradicional. Podemos aprender mucho del reino animal. Es un gran maestro. Intenta este ejercicio en la próxima ocasión que estés en el campo o incluso sentado en casa observando los gorriones en tu jardín. Observa a un pajarillo fijamente y luego, cuando estés listo, empieza a visualizar una escena en la que tomas un arma y apuntas al ave. Imagina que vas a matarla. Si consigues encapsular esa sensación real, el pájaro sentirá la energía negativa y la eludirá, escapando.

Hatsumi alude a esta intención en el libro *Essence of Ninjutsu*:

* *El séptimo sentido*, de Rupert Sheldrake.

«Permite que te diga brevemente cómo se pasa la prueba *Godan*: un juez empuña una espada. Un candidato se sienta delante de aquél, dándole la espalda. El juez pronuncia unas cuantas palabras para señalar el inicio y dirige un corte inesperado al cuello del candidato. Éste debe esquivarlo en una fracción de segundo. Según [cierto] fotógrafo, si diriges tu cámara hacia [...] un caballo, éste se torna tan consciente de estar siendo observado que no tendrás oportunidad de hacerle una buena foto».*

Ejercicio: intención con el shuriken

Es hora de intentar un ejercicio que he concebido. Lo llamo "ejercicio de intención con el *shuriken*". Hay que elegir un *shuriken* de entrenamiento (o un *shuriken* de verdad, si cuentas con una zona de práctica adecuada). A continuación, y a fin de que no parezca demasiado *new age*, te divertirás con el ejercicio. No espero que des en el blanco en cada ocasión, la verdad es que, para ser francos, creo que quizá no lo consigas en ninguna. Lo que pretendo es que desarrolles la capacidad de identificar la sensación de tu propia intención decisiva.

Debes preparar esa zona de práctica y asegurarte de que todo lo que te rodea está bien y tranquilo y que puedes sentarte en silencio absoluto. Que nadie te interrumpa. Si trabajas con alguien, asegúrate de que permanezca en silencio. Lo que debes hacer es intentar meditar unos instantes o simplemente

* En *Essence of Ninjutsu*, de Masaaki Hatsumi.

disfrutar de permanecer sentado en silencio mientras intentas sosegar la mente. No te preocupes si algún pensamiento contingente penetra en la mente. El truco consiste en observarlos y permitir que desaparezcan con la misma naturalidad con la que aparecieron. Siéntate de ese modo durante unos diez minutos e intenta inspirar y espirar todo lo hondo que puedas, de manera rítmica. Luego haz que tu compañero te vende los ojos y siéntate a escasa distancia de tu diana. Cuando tu mente regrese al sosiego, levanta la mano adoptando una posición que te permita lanzar el arma hacia la diana, y continúa concentrado durante ese movimiento en tu propio espacio. Cuando te sientas preparado, crea la intención y el proceso de pensamiento necesario para lanzar el *shuriken* hacia el blanco. No te preocupes de si lo alcanzas. En lugar de ello, fíjate en la sensación corporal: ¿sentiste algo distinto? ¿Hubo algún cambio en la energía que te rodea? Si es así, deberás aprender a reconocer esa misma sensación una y otra vez, en cada ocasión que crees la misma intención. Si has sentido cambios sutiles a tu alrededor, entonces es que has identificado la intención básica. A partir de ahí puedes desarrollar tu sensibilidad para que pueda sentir cambios sutiles en campos de energía.

La respuesta subconsciente a la intención

Como ya te he dicho, he acuñado la frase «antes de ir, ya habrás llegado» y quisiera explicar un poco su significado. La esencia de esa afirmación es mi creencia acerca de cómo utilizamos nuestros sentidos intuitivos en el *dojo* o mientras nos defendemos de un ataque violento, o también como prevención antes de que el ataque ocurra.

Cuando practicamos en el *dojo*, lo hacemos para mejorar, ser más rápidos y más capaces, y para aprender a mover nuestros cuerpos por encima y más allá de sus supuestas capacidades. Lo que tal vez se te escape es que estás aprendido a "ser uno" con tu cuerpo físico. Si reconoces la sencilla verdad de que eres uno con toda la naturaleza, no tardarás en empezar a entrar en la sexta dimensión, y tu cuerpo reaccionará en consecuencia. Forjamos el espíritu en el *dojo*, y sin duda, ese espíritu es la llave que abre la puerta que conduce hacia el yo superior. Es normal que creas que intentamos desarrollar estados de consciencia alterados. Sin embargo, no es cierto, pues eres parte de la consciencia única que permea todas las cosas. Eres parte de la fuerza divina creadora y por lo tanto no tienes nada que temer aparte del miedo. No hay forma de separarse de esa fuerza, y por lo tanto no hay nada "alterado" en ningún estado en el que elijamos entrar. Sólo se trata de una expresión diferente de la misma consciencia. Cualquier individuo que persista en la creencia de que existen estados de consciencia separados estará, de hecho, aislándose de la naturaleza, y por lo tanto desconocerá los secretos de las auténticas artes marciales.

Cuando somos uno con esa consciencia empezamos a sentir los desequilibrios sutiles de la energía y la naturaleza que nos rodea. Cuando nos enfrentamos a un oponente o cuando estamos cerca de varios –tanto en la práctica como en un enfrentamiento real–, podemos sentir los menores cambios en el equilibrio del oponente y detectar su estado emocional con nuestro yo superior, que nos proporcionará esa ventaja esencial. En el *dojo*, la capacidad de detectar variaciones sutiles de energía nos ayuda a re-formar nuestros cuerpos para poder trabajar sintonizados con nuestra energía. El remate de todo esto es que podemos detectar la intención de un oponente antes de que se mueva para llevar a cabo su acto de agresión física. También podemos detectar las brechas y debilidades en nuestro movimiento y cerrarlas intuitivamente, o bien explotar las debilidades de un oponente. Tal vez sea eso lo que la gente considera que es el "control mental *ninja*", aunque la verdad es que en todo eso no existe nada específicamente *ninja*: está presente en todas las artes marciales que enseñan el valor de un corazón adecuado y que forjan el espíritu.

La rabia y la agresión subyugan la psique y te tornan incapaz de sentir la emoción y la energía a tu alrededor. Por ello, cuando alguien lanza un ataque, tu intención estará amordazada, como si te hubieses vuelto ciego y sordo. El ataque se desarrollará antes de que te des cuenta, dejándote con poco tiempo para reaccionar. Debes aprender a reaccionar *subconscientemente*, en lugar de a través de un pensamiento consciente comparativamente más lento. No basta con pensar dónde hay que situar una mano o un pie a fin de realizar mecánicamente los movimientos necesarios para completar el ciclo de una técnica. Para cuando llegue ese pensamiento a tu mente consciente, estarás mordiendo el polvo, o algo peor: estarás muerto.

El aspecto físico de la práctica, junto con la forja y el refuerzo del espíritu interno, abrirán de manera natural los sentidos psíquicos que permitirán la detección de la intención y la autoprotección. Un antiguo maestro de *budo* (tal y como aparece escrito en el *kenjutsu* del *Gekken Sodai*) se hallaba sentado en su jardín meditando y disfrutando de su propio espacio, como hacía todas las mañanas. De repente, y sin que mediara pensamiento alguno (de manera intuitiva), se incorporó, como si cerca de donde se hallaba se cerniese algún peligro, y empezó a escudriñar los alrededores. No halló nada y se sintió perplejo al intentar reconciliar cómo se sintió y la aparente ausencia de peligro. Gracias a su práctica sabía que era capaz de detectar el peligro en su proximidad. Tras regresar al *dojo* empezó a contárselo a sus estudiantes. Mientras hablaba, su estudiante más antiguo se adelantó, con un aspecto más bien apesadumbrado y humilde. El estudiante explicó que había entrado en el jardín mientras el maestro se hallaba meditando. Cuando espió a su maestro en una postura tan indefensa, imaginó lo fácil que sería acercarse a él y atacarle. En ese momento fue cuando el maestro reaccionó y el estudiante, acobardado, huyó.

Existe un estilo de kung-fu que alienta el desarrollo espiritual a fin de liberar la mente del pensamiento racional. El espíritu puede moverse sin trabas con la belleza del ritmo de la naturaleza. Es exactamente la misma sensación que intentamos realizar en el Bujinkan: desplazarnos mediante un impulso subconsciente sin impedimentos, liberados del pensamiento racional. De este modo podemos entrar en la dimensión de la que tan a menudo habla Soke, aunque son muchos los que no la perciben. La práctica en el Bujinkan tiene, claramente, una orientación intuitiva, y mi dicho «Antes de ir, ya habrás llegado» evoca nuestro trabajo en la sexta dimensión: aprender a fluir sin las restricciones del ego y percibir con el corazón en lugar de con los ojos físicos de nuestras cabezas.

El Cuarto Anillo

Desarrollar la aptitud psíquica

> «Hoy se cumplen 18 años de la muerte de Takamatsu.
> Suelo hablar a menudo con él en el cielo mientras enseño a
> mis estudiantes, sudorosos. La conversación entre nosotros
> se desarrolla en secreto y es muda.
> La llevo a cabo con todo mi corazón y mi mente.»*
>
> Hatsumi M.

Esta cita resume las cualidades de médium de nuestro Soke, y tanto si crees como si no en las facultades paranormales, está claro que él *sí* que cree en ellas, y que toma parte "del paseo por el jardín del espíritu". Un día conseguiré mantener esta conversación con él y sus antepasados. Resulta interesante que lograse enterarme de ciertas cosas mientras estuve en el

---

* En *Essence of Ninjutsu*, de Masaaki Hatsumi.

hombu (*dojo* "central") en Noda, Japón. Escuché las voces de gente fallecida. Pero ésa es otra historia.

Antes de que pasemos al desarrollo de la aptitud psíquica o vidente, debes saber cuáles son los diversos aspectos de esos dones. Existen otros muchos, y algunas personas destacarán más en unos que en otros. Repasaremos los métodos generales de desarrollo y cómo pueden emplearse en el *dojo*. En primer lugar, debemos comprender que hemos de aprender el lenguaje del alma, que es el principal método de comunicación que utilizo cuando ofrezco lecturas individualizadas para mis clientes. Lo cierto es que a este lenguaje no se le pueden colgar etiquetas definitivas. Tal y como dice Hatsumi, la mayor parte tiene lugar en silencio y en el vacío. No creas que según lo vas desarrollando empezarás a tener visiones o sentir grandes epifanías durante la práctica. En general, serás "conscientemente inconsciente" de que estás utilizando esos dones, y tu poder interior pasará a convertirse en tu principal energía impulsora, ocupando el lugar de tu mentalidad racional.

Una advertencia

Otra cuestión que hay que tener en cuenta es que has de protegerte en todo momento utilizando el corto ejercicio de los *chakras* que describimos anteriormente, en la página 69. Además del ejercicio, puedes pedir protección o visualizar una luz blanca rodeándote. Al igual que en cualquier otro aspecto de la vida, también en este campo existen peligros que sería mejor evitar, y lo mismo sucede al desarrollar tus sensibilidades de otras esferas. Esta práctica se torna muy peligrosa si no se realiza adecuadamente y con la intención correcta. No hay que tomárselo a la ligera, pues hay espíritus errabundos que se engancharán a tu aura para crear perturbaciones en tu cuerpo y mente si tienen oportunidad de hacerlo.

Los principales dones del alma son los siguientes:

- Clarividencia.
- Clariaudiencia.
- Clarisencia.
- Clarisapiencia.

¿Qué es la clarividencia?

Este don es la capacidad de ver el mundo de los espíritus y de recibir imágenes del vacío. Existen dos métodos de clarividencia. Está la *clarividencia subjetiva*, en la que el individuo percibe las imágenes en el ojo de la mente (llamado *chakra del tercer ojo*). La mayoría de las personas utilizan esta forma de clarividencia y todo el mundo cuenta con la capacidad de despertar este don dormido. Existe un segundo tipo de clarividencia, que es la *clarividencia objetiva*. Se trata de la capacidad de percibir imágenes y el mundo de los espíritus fuera de uno mismo, a través de los ojos físicos. Muchos médiums videntes así lo afirman cuando ofrecen lecturas, y tengo que decir que me irrita. ¡Estoy seguro de que ya sabes de quién estoy hablando! Te cuentan que tu familia, tu madre o alguien que ha pasado a ser un espíritu está junto a ti y luego fracasan a la hora de ofrecerte información precisa acerca de su apariencia o de lo que está diciendo. La verdad es que ven subjetivamente. No obstante, están también los que *pueden* percibir fuera de sí mismos. Yo soy uno de ellos, pero he de admitir que en las ocasiones en que veo objetivamente son escasas e intermitentes, pues es el mundo de los espíritus el que lo controla. Supongo que debo considerarme afortunado. Me siento aterrado cada vez que ocurre, ¡y siento como si el corazón fuese a estallarme en el pecho!

Estoy convencido de que Hatsumi y otros grandes maestros perciben clarividentemente, aunque no estaré seguro de ello hasta hablar con ellos del tema. Morihei Ueshiba, fundador del aikido, poseía el don de ver clarividentemente de manera objetiva. Cuando le preguntaron cómo podía evitar ser alcanzado por un atacante que empuñaba un sable, señaló:

«No ha sido nada, sólo una claridad de cuerpo y mente. Cuando el oponente atacó, pude ver un relámpago de luz blanca, del tamaño de un canto rodado, desplazándose antes que el sable. Veo claramente que cuando una luz blanca reluce, le va a seguir inmediatamente el golpe de un sable. Todo lo que hice fue evitar los rayos de luz blanca».*

---

*   En *On the Warrior's Path*, de Daniele Bolelli.

Es un ejemplo de la capacidad del maestro de percibir objetivamente la luz que precede al golpe. Ahora bien, no estoy diciendo que podrás lograrlo con un poco de práctica meditativa, y debo informarte de que para ser efectivo en esta materia hacen falta años de concienzudo desarrollo y devoción. La mayoría de vosotros no alcanzará ese nivel, pero algunos lo lograrán, con la forja y la unión de mente, cuerpo y alma. Debemos esforzarnos en lograr este tipo de percepción objetiva en su momento, y eso es exactamente a lo que se refiere Hatsumi cuando habla acerca de percibir lo invisible.

¿Qué es la clariaudiencia?

Probablemente sea uno de las dotes del espíritu más malentendidas. La *clariaudiencia* es la capacidad de oír mensajes de los espíritus, tanto objetiva como subjetivamente. Suele tratarse de un diálogo silente que discurre en la mente del médium cuando se opera subjetivamente. Es la capacidad de percibir palabras en el vacío en el propio lenguaje, siendo comprensibles. Al igual que con la clarividencia, existe una parte opuesta del don que te permite escuchar con claridad con tus propios oídos físicos. Créeme cuando te digo que si esto te llega a suceder, se te pondrán los pelos de punta. Es lo que me pasó a mí.

Si estás leyendo estas líneas en silencio, escucharás las palabras grabándose en tu mente consciente según lees, y eso en cierto modo es un tipo de clariaudiencia. Sin embargo, cuando escuchas el mismo tipo de diálogo en tu mente, pero resulta que las palabras te llegan como salidas de la nada advirtiéndote de alguna cosa, *entonces* se trata de verdadera clariaudiencia. Cuando tu mente consciente está concentrada en algo totalmente distinto y la voz mental se desboca, entonces es clariaudiencia de naturaleza *subjetiva*. Te remito una vez más a la historia de Papasan (Ed Martin) en la que escuchó las advertencias página 22. Eso, desde luego, fue un tipo de clariaudiencia.

Uno de mis estudiantes me contó otro ejemplo de este tipo de clairaudiencia. Se hallaba en una población tras caer la noche, dirigiéndose a casa desde el trabajo, andando. Por lo general, siempre va escuchando música en su iPod mientras hace ese recorrido. No obstante, en esa ocasión en particular tuvo una fuerte corazonada, y lo cierto es que escuchó una voz en su cabeza que le decía con claridad que no debía recorrer el camino habitual y que debía desviarse de inmediato. Le sobresaltó tanto escuchar la voz en su cabeza, por encima de la música que oía, que inmediatamente hizo caso. Siento decir que esa misma noche, y precisamente a esa hora, otro joven fue apuñalado por dos chicos que buscaban pelea en el camino habitual de mi estudiante. El don de la clariaudiencia impidió que mi estudiante engordase la estadística de crímenes violentos. A partir de este ejemplo podemos deducir claramente que escuchó la advertencia de manera subjetiva, y que es probable que eso le salvase la vida.

La famosa médium Doris Stokes podía escuchar las voces de espíritus con gran claridad utilizando sus oídos físicos: *clariaudiencia objetiva*. Tenía el don de trasladar mensajes increíblemente precisos desde el mundo de los espíritus gracias a esa claridad. Durante uno de mis propios seminarios, escuché la voz de una mujer mayor que me decía su nombre y que quería hablar con su nieto, que se hallaba presente. Su voz no procedía del interior y yo pude escuchar el sonido con mucha claridad, de la misma manera que si hubiera estado hablando con un compañero.

¿Qué es la clarisencia?

Es la capacidad de sentir espíritus o de sentir los estados de energía que te rodean. Lo sientes en el interior del cuerpo y a nivel físico. Para darte un ejemplo de este tipo de sensación, contaré una de mis propias experiencias. Durante una clase, una noche, mi mirada se quedó fija en un estudiante en particular, y cada vez que le miraba me sentía físicamente enfermo y mareado. Le pedí que hablásemos a solas en el trastero, y cuando entré escuché un nombre. Inmediatamente fui consciente de la presencia espiritual de una persona que había fallecido de manera trágica. Era el hermano del estudiante que tenía delante. Sentí que no podía respirar y que me faltaba el aliento. Luego sentí una soga física alrededor del cuello y supe con toda seguridad que su hermano se había suicidado. Le comuniqué esta información al estudiante en cuestión, que confirmó su veracidad. Es un ejemplo de cómo nosotros, como médiums, somos capaces de percibir sensaciones y condiciones del mundo de los espíritus. El estudiante se sintió como si se hubiese quitado un peso de encima y enseguida empezó a funcionar por encima y más allá de la noción preconcebida que mantenía sobre los límites de sus capacidades físicas en el *dojo*. Las cosas mejoraron y él comenzó a mostrarse más dotado. A veces simplemente levantamos nuestras barreras a causa de las agitaciones emocionales que hemos experimentado, pero que no hemos liberado. Es como si un cojín enmudeciese o apagase el sonido de algo: sabes que oyes algo, pero sin claridad. Una vez que se atraviesan esas barreras, la práctica se torna más productiva y de repente caes en la cuenta de algo que tu instructor te ha estado repitiendo continuamente.

¿Qué es la clarisapiencia?

Probablemente sea el más importante sentido psíquico que utilizarás en tu arte elegido o en tu comprensión del *budo*. Sin embargo, este sentido pudiera pasar desapercibido durante mucho tiempo. En esencia, se trata de la forma más elevada de conocimiento, y será el sentido que te mantendrá vivo en medio de un ataque o que te espoleará a adoptar críticas medidas preventivas. Se trata de la amalgama de mente, cuerpo y espíritu, conformando una única unidad completa. Cuando llegue hasta ti un ataque potencialmente violento, tu cuerpo se moverá inconsciente e intuitivamente. Tu determinación natural de mantenerte vivo frente a un peligro se pondrá en marcha de manera automática, igual que el funcionamiento de tu sistema nervioso autónomo. Sucederá sin que te des cuenta. Para explicar qué relación guarda todo esto con mi propia profesión, te diré que la clarisapiencia proporciona a un médium la capacidad de saber exactamente qué decir sin utilizar el pensamiento consciente. En su libro *The Warriors Path*, Daniel Bolleli alude a esta cuestión cuando describe la manera en que su práctica le permite calibrar el verdadero carácter de alguien con sólo mirarle a los ojos durante unos instantes, una valoración a la que a otra persona podría llevarle varios años. Así es como funciona la clarisapiencia. Con la práctica que tiene lugar en el *dojo*, o tal vez al practicar *randori* –una forma de combate ligero con esparrin–, ayudamos a desarrollar el movimiento natural. Este tipo de conocimiento permitirá a tu cuerpo moverse intuitivamente sin necesidad de utilizar el pensamiento consciente, y te ayudará a liberar la mente de la dependencia del pensamiento material.

En este capítulo sólo he hablado de los dones que creo que pertenecen a nuestra práctica del *budo*. Esos dones nos ayudan a unificar nuestros cinco sentidos, al igual que el sexto, en una única unidad espiritual que es posible utilizar no sólo al practicar, sino en todos los aspectos de la vida. Sin embargo, existen otros dos dones sensibles que también están disponibles, y son *clarialiencia* (olfativo) y *clarigustancia* (gustativo). Sin embargo, no creo que el desarrollo de esas capacidades sea necesario para tu práctica de artes marciales.

Base científica del sexto sentido

Ningún libro acerca de capacidades psíquicas estaría completo sin referencias a pruebas positivas de la comunidad científica que apoyen las afirmaciones acerca de la existencia del sexto sentido. Podría escribir otro volumen con sólo presentar las evidencias del sexto sentido, pero la enorme cantidad de detalles aburriría a algunos de los lectores y les apartaría del mensaje que quiero comunicar. Sin embargo, quisiera citar algunos detalles acerca de la ciencia y los pioneros en este campo, y te invito a buscar por ti mismo a fin de aumentar tu comprensión. También sé que algunos de vosotros sois muy escépticos y posiblemente seguidores del famoso escéptico James Randi. Lo que debéis comprender es que no queréis aceptar ninguna evidencia –por clara que sea– y que nunca la aceptaréis, ni siquiera aunque un espíritu se manifestase delante de vosotros. En el fondo, creo que esa negación procede de un miedo interno hacia las cosas que no pueden percibirse con los ojos físicos, o bien a un miedo a lo desconocido. No obstante, la vista no basta para racionalizar algunas creencias comúnmente aceptadas. Considerad el ejemplo siguiente: estáis convencidos de la realidad del aire que respiráis, aunque, no obstante, os resulta imposible verlo, tocarlo o ni siquiera cuantificarlo, ya que es intangible. Creéis que todos estamos hechos de energía y que los vibrantes átomos que nos componen se agrupan en moléculas y células que dan la impresión de la solidez que todos compartimos en un contexto más amplio.

Lynne McTaggart escribe: «Nuestro estado de ser natural radica en la relación, en un estado continuo en el que uno influencia al otro. Al igual que las partículas subatómicas que nos componen no pueden separarse del espacio ni de las partículas que las rodean, tampoco los seres vivos pueden aislarse entre sí […]. Mediante el acto de la observación y la intención contamos con la capacidad de extender cierta clase de superluminiscencia a todo el mundo».*

Sin el aire no podemos sobrevivir. Sabemos que el aire puede descomponerse en sus elementos constitutivos, y no obstante seguimos sin poder verlo, aunque sintamos sus efectos, y por ello no nos cabe más que aceptar su existencia. La mayoría de nosotros cree en un ser supremo o en una fuerza que es divinidad en acción. A través de esa creencia, demostramos fe, porque no podemos percibir divinidad con nuestros propios ojos físicos. Tal vez incluso observemos los efectos de ello o sintamos sus efectos a través de algún milagro o suceso que no podamos explicar con la ayuda únicamente de la ciencia. Algunos incluso decidirán no creer porque no quieren volver del revés su mundo organizado científicamente. A mí me parece bien. Pero lo que espero lograr es ofrecerte la idea de

---

* En *El campo* de Lynne McTaggart..

que existen otras posibilidades a nuestro alrededor que también podemos investigar. ¿Por qué necesitamos saber *cómo* funciona? ¿No basta con ver la energía en acción cuando sin duda aporta un gran beneficio a toda la humanidad? El famoso científico alemán Max Planck dijo en una ocasión:

«La física moderna nos ha enseñado que no puede descubrirse la naturaleza de cualquier sistema dividiéndolo en las partes que lo componen y estudiando cada parte por separado […]. Debemos mantener nuestra atención concentrada en el todo y en la interrelación entre las partes. Lo mismo vale para nuestra vida intelectual. Es imposible separar con claridad ciencia, religión y arte. El todo nunca es igual simplemente a la suma de sus partes».

Muchos y buenos científicos han ensanchado las fronteras de la ciencia y puesto en causa antiguas creencias a la vez que ofrecían nuevas hipótesis y nuevas creencias cuantificables.

Russell Targ* es un físico y autor pionero en el desarrollo del láser y sus aplicaciones. Fue cofundador de la investigación sobre las capacidades psíquicas llevada a cabo por el Instituto de Investigación de Stanford en las décadas de 1970-1980 para el Ejército norteamericano y los servicios de inteligencia. Esos trabajos continúan en la actualidad gracias a mi buen amigo Dale Graaf. Aunque no estén financiados por el Gobierno, lo cierto es que Dale continúa con ese trabajo y

---

*   www.espresearch.com.

que yo mantengo una buena relación con él. Esperamos continuar con esos experimentos que conectan nuestros campos de trabajo. Estos estudios, anteriormente clasificados, relativos a lo que ahora se conoce como *visión remota*, fueron publicado en *Nature*, en *Proceedings of the Institute of Electrical and Electronics Engineers (IEEE)* y en *Proceedings of the American Association for the Advancement of Science*. Es autor de muchos volúmenes y ha escrito en coautoría ocho libros que tratan de temas como la investigación científica de las capacidades psíquicas, el budismo y una reciente autobiografía. Actualmente continúa sus investigaciones sobre la percepción extrasensorial en Palo Alto, California, y suele aparecer en conferencias científicas y paranormales para hablar de su trabajo. Al hacerlo, Dale mantiene la ciencia viva. El siguiente ejemplo de evidencias sobre la percepción extrasensorial, que él reunió, pertenece a un emplazamiento soviético secreto. Muestra cómo funciona la visión remota, la capacidad de percibir información e imágenes precisas que no están limitadas por el tiempo o el espacio.

Se trata de una reconstrucción calcada de una foto tomada por un satélite del campo de tiro de Semipalatinsk. Los calcos fueron realizados por la CIA para ocultar la precisión de detalles de la fotografía por satélite en aquella época.

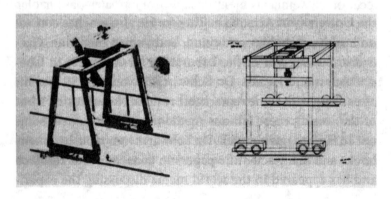

Detalle en primer plano   Boceto de un vidente

A la derecha aparece el croquis de un vidente de la grúa de pórtico en el emplazamiento secreto soviético dedicado a I+D de Semipalatinsk, que muestra un notable parecido con un dibujo de la CIA basado en una fotografía por satélite, que aparece como comparación a la izquierda. Observa, por ejemplo, que ambas grúas cuentan con ocho ruedas. (Vidente remoto: Pat Price. Esta prueba se realizó con Russell Targ en 1974.)

J.B. Rhine, que fundó el Centro de Investigaciones Rhine, destacó por su serie de experimentos en percepción extrasensorial utilizando las cartas Zener (cada carta muestra un tipo de cinco símbolos distintos), con Hubert Pearce y J.G. Pratt. Éste último puso a prueba a Pearce con las cartas Zener. Pratt barajó y registró el orden de las cartas en el laboratorio de parapsicología, sito a 100 metros de donde se hallaba Pearce sentado. La precisión de las respuestas de Pearce fue increíblemente elevada y eso provocó que los científicos anhelasen experimentar más con otras capacidades psíquicas. Se trata de una prueba que puede replicar cualquiera. Yo aconsejaría o fabricar unas cartas Zener propias o sustituirlas por cartas de mazos normales e intentar identificar el color de cada carta. Tras algo de práctica, podrías identificar el palo e incluso el color de cada carta. Se trata de un ejemplo excelente para replicar las condiciones de la prueba tal y como se realizó por primera vez en el Centro Rhin.

Gary E. Schwartz es catedrático de Psicología, Medicina, Neurología, Psiquiatría y Cirugía en el campus principal de la Universidad de Arizona, en Tucson. También imparte cursos de psicología de la salud y medicina de cuerpo, mente y espíritu. Gary es asimismo director del Laboratorio para el Progreso en la Consciencia y la Salud. El doctor Schwartz ha comprobado casos de percepción extrasensorial y de vida tras la muerte con notables resultados. Ha puesto a prueba a algunos de los médiums más famosos del mundo y, claro está, a otros no tan famosos. El doctor Schwartz ha publicado muchos libros y trabajos sobre investigación de la consciencia y ha aparecido en medios de información internacionales hablando de los experimentos. En 2007, llevó a cabo una importante investigación relativa a la información recibida por médiums en una prueba triple ciego. Julie Beischel, que fundó el Instituto Windbridge, se encarga ahora de la principal investigación experimental en comunicación tras la muerte.

Lo que aparece a continuación es un poco de información básica sobre las pruebas paranormales. La información ha sido obtenida directamente de la publicación de las mismas en Internet por parte del doctor Schwartz.* Este estudio triple ciego fue diseñado para examinar la anómala recepción de información acerca de personas fallecidas a cargo de médiums investigadores en condiciones experimentales que eliminan las explicaciones convencionales.

PARTICIPANTES: ocho estudiantes de la Universidad de Arizona hicieron de sujetos; cuatro habían experimentado la pérdida de un padre, y cuatro la de un compañero. Ocho médiums que anteriormente habían demostrado la capacidad de transmitir información precisa en un entorno de laboratorio llevaron a cabo las lecturas.

METODOLOGÍA: a fin de optimizar potenciales diferencias identificables entre las lecturas, cada padre fallecido fue emparejado con un compañero muerto del mismo sexo. Los su-

---

* www.drgaryschwartz.com

jetos no se hallaban presentes durante las lecturas; un investigador desconocedor de la información acerca de los sujetos y los fallecidos hacía las veces de sujeto delegado. Los médiums, desconocedores de las identidades de sujetos y fallecidos, leían cada uno a dos sujetos ausentes y a su pareja fallecida; cada pareja de sujetos era leída por dos médiums. Cada sujeto puntuó un par de transcripciones detalladas (una era la lectura que le correspondía; la otra la lectura de control) y eligió la lectura que más le correspondía.

RESULTADOS: los resultados incluyeron puntuaciones más elevadas para las lecturas correspondientes que para las de control (p = 0,007, tamaño del efecto = 0,5) e importantes resultados para las lecturas elegidas (p = 0,01).

CONCLUSIONES: los resultados sugieren que algunos médiums pueden recibir de manera anómala información precisa acerca de individuos fallecidos. El diseño del estudio elimina eficazmente tanto los mecanismos convencionales como la telepatía como explicaciones de la recepción de información, pero los resultados no distinguen entre otras hipótesis paranormales alternativas, como supervivencia de la consciencia (la existencia continuada y separada del cuerpo de la consciencia de un individuo o personalidad tras la muerte física) y la super-*psi* (o super-percepción extrasensorial; recuperación de información a través de un canal psíquico o campo cuántico).

Básicamente, todo esto significa que es cierto y que no se utilizó ningún engaño. Basándose en la información cotejada, no hay ningún otro medio que sirva para identificar los datos, excepto haberlos recabado de fuentes externas a la consciencia. Eso significa que hay vida después de la muerte y que esa energía puede leerse tanto físicamente como a través de un espíritu que nos hable utilizando nuestras facultades espiritistas. Ésa es la manera en que los médiums leemos: a través de una fusión de mentes, por así decirlo.

Adapta tus capacidades a las artes marciales

No voy a enseñarte cómo desarrollar todas las dotes psíquicas porque eso requeriría un segundo volumen y mucho tiempo. En lugar de ello, me concentraré en lo que creo que es necesario en el *budo* y en tu práctica marcial. ¿Soy la persona más indicada para enseñártelo? Además de llevar practicando artes marciales muchos años, también soy un famoso médium vidente que utiliza esas dotes de manera cotidiana. Empecemos explorando las profundidades de la psique humana y desarrollando nuestras dotes clarividentes a través de sencillos ejercicios.

Ejercicios de desarrollo psíquico

Probablemente ésta sea la parte más importante del libro, y la razón por la que ahora lo tienes en tus manos. Nos ocuparemos de algunos ejercicios de desarrollo general y luego pasaremos a ejercicios en el *dojo*. Lo que estoy a punto de describir sólo trata del desarrollo general y quienes me conozcan y estén leyendo este libro saben lo intensos que son mis seminarios y cursos y lo que espero de mis estudiantes. Hace falta mucha dedicación y devoción para desarrollar esas dotes al máximo y de manera apropiada.

Lo primero que has de saber es que debes aprender a protegerte a ti mismo antes de abrirte a cualquier energía o influencia externa. Debes aprender a enraizarte y luego saber que estás totalmente protegido en todo lo que hagas. Eso te ayudará a desarrollar tu capacidad psíquica natural. No te preocupes, no se trata de que algo vaya "a meterse en ti", sólo es que puedes alterar tu campo de energía y causar cierta agitación emocional, que podría resultar muy desestabilizadora a todos los niveles.

Empieza con un ejercicio de enraizamiento

Todos habéis participado en la práctica de cinco días de meditación descrita en la página 69, y a estas alturas deberíais estar muy versados en meditación. Este ejercicio es corto y sencillo, y remite a la práctica de enraizamiento que llevamos a cabo antes, si es que necesitáis que os refresque la memoria. Nos enraizamos para asegurarnos, a través de la intención, que estamos protegidos y libres de la influencia de la negatividad.

Eso nos permite liberar mente, cuerpo y espíritu para danzar en el vacío, notando y sintiendo los cambios y matices sutiles en nuestro entorno.

La importancia de la respiración es fundamental en todas las artes marciales, así como para el desarrollo de la psique. La respiración guarda muchos secretos. Se halla presente en el nacimiento y al final, cuando abandonamos este plano de existencia. La respiración nos mantiene vivos y formando parte de esta esfera física, desarrolla poder internamente y nos ayuda a serenarnos cuando necesitamos consuelo. La respiración es la llave que abre la puerta a la mejora de nuestra energía interna o *ki*, y la llave para penetrar en el vacío y desarrollar las potencias del alma.

Ejercicio: espalda con espalda

Éste es el primer ejercicio que podemos utilizar en el *dojo* y que enseño a mis estudiantes de desarrollo psíquico. Hay que realizarlo con un compañero y asegurarte de que sea alguien a quien no se conozca bien. Sentaos espalda con espalda y pide protección de tu yo superior. También debes observar con atención cómo se expande tu campo áurico, solapándose con el campo de energía de tu compañero. Una vez que lo hayas hecho y estés sosegado y contento con lo que acabas de conseguir, responde a las siguientes preguntas.

1. ¿Qué hizo tu compañero hace tres días? (visualízalo).

2. ¿Qué colores llevaba hace un par de días?

3. Visualiza en tu mente y a continuación escribe dónde estuvo tu compañero las últimas vacaciones. ¿Qué hizo allí?

4. Observa un suceso importante en su vida y describe lo que ocurrió. La descripción debe ser más concreta que algo tipo «fue de vacaciones», «fue al consultorio del dentista» o «fue a una fiesta». Debe ser algo como haber recibido un regalo especial y qué tipo de regalo, una relación con una mascota muy querida, etc. ¿Qué fue?

5. Visualiza cualquier problema de salud en su vida. ¿De qué se trata?

6. ¿Qué coche tiene? (Esta pregunta da por descontado que no conoces a la persona y que no estás familiarizado con los coches que hay aparcados en la calle. Si fuese así, intenta visualizar qué coche tiene algún amigo de tu compañero).

7. Da el nombre o apellido de un familiar cercano, incluyendo la relación con esa persona.

8. Di una fecha importante para esa persona.

9. ¿Qué es lo que no le gusta comer?

10. ¿Qué bloqueos tiene en su vida que le impiden avanzar?

Practica ejercicio una y otra vez hasta que empieces a obtener puntuaciones relativamente altas cada vez que lo intentes, y hazlo con distintas personas. Sobre todo con aquellas que no conoces. Luego puedes intentar el ejercicio vendando los ojos al lector. Elige un sujeto aleatorio o permite que el lector palpe un objeto personal del sujeto.

Ejercicio: ¿qué hay en el sobre?

Utiliza diez sobres, cinco de los cuales contendrán fotos diferentes y elegidas al azar. Haz que una tercera persona baraje los sobres, asegurándote de que están bien cerrados. A continuación, pide a la persona que está siendo examinada que se adelante. Dale el tiempo suficiente para que se concentre y pídele que indique qué sobres no contienen nada, y que identifique las imágenes en el interior de los sobres restantes. Cada respuesta debería anotarse discretamente como un acierto o una equivocación. Es necesario que tengas claro que no deberías esperar que el lector acierte al 100% cuando está justo empezando a desarrollar su capacidad de clarividencia. Aunque acierte, los datos generales como "color azul" no resultan lo suficiente precisos como para indicar una percepción extrasensorial madura y un potencial de clarividencia. ¿Qué es lo que es azul? No obstante, si el lector es capaz de ver las imágenes ocultas y de identificar varios aspectos de cada una de ellas –colores, formas y contenido–, entonces será una señal de que en esa persona se halla presente la percepción extrasensorial y cierta capacidad clarividente.

No hace mucho impartí un seminario de desarrollo psíquico en Estados Unidos. y uno de los estudiantes me sorprendió con su habilidad natural de percepción remota. Durante el ejercicio del sobre, identificó correctamente tres objetivos de dieciocho, elegidos al azar por mí mismo y que sólo yo conocía. En lugar de darme una idea general de lo que podía percibir, me describió exactamente lo que contenía cada uno. Me impresionó mucho y espero que continúe su camino de desarrollo.

Percepción remota

Ahora pasaremos a la siguiente etapa de la capacidad clarividente y veremos qué relación mantiene con el hecho de que el perceptor remoto identifique objetos elegidos al azar. Esta técnica también se conoce como *visión remota*, aunque yo prefiero el término *percepción remota*. Los parapsicólogos Russell Targ y Harold Puthoff introdujeron el término en 1974. Dale Graaf lo utilizó en el Instituto de Investigación de Stanford a principio de la década de 1970, y como me sigue pareciendo apropiado, creo que debería seguir usándolo. ¿Qué es esta "visión remota"? En pocas palabras, es la capacidad de percibir información sobre un objetivo distante o invisible utilizando medios paranormales de clarividencia, es decir, de percepción extrasensorial.

Ejercicio: ¿dónde estoy?

Éste es el ejercicio básico, que puede ampliarsc fácilmente a fin de incluir a cualquier número de estudiantes en el *dojo*. Aunque no se trata de un auténtico ejercicio de visión remota, sí que capta la esencia. Un integrante del grupo debe elegir objetivos al azar en la ciudad o población donde nos encontremos. Esos objetivos deberán mantenerse en secreto con respecto al resto de estudiantes. Hay que enviar a algunos estudiantes a cada una de las localizaciones elegidas. Los estudiantes restantes permanecerán en el *dojo* en estado meditativo. A continuación, cada estudiante debe intentar armonizarse con las zonas elegidas a fin de identificar la información pertinente de aquellas en las que se hallan sus compañeros. Cada estudiante debe apuntar la información que recibe o bien describirla verbalmente.

Este ejercicio indicará potenciales capacidades psíquicas de mucha calidad si te muestras tan estricto como yo. Puedes divertirte mucho con este ejercicio, y enseguida empezarás a identificar tus propias dotes internas de clarividencia. La clave del éxito en este ejercicio es una confidencialidad *total*. Realizado de manera adecuada y con controles científicos, los resultados deberían convencer incluso a los escépticos más recalcitrantes de tu círculo.

Ejercicio: he oído un nombre

Este divertido ejercicio te ayudará a identificar el don de la clariaudiencia. Elige a alguien en el *dojo* que no conozcas muy bien, sentaros espalda con espalda y, concentrado, realiza el mismo ejercicio detallado en la página 69 a fin de protegerte. Introduce tu protección y prepárate como se indicaba antes. En esta ocasión deberás armonizarte con la vibración de tu compañero y pedir mentalmente a tu yo superior que te permita oír los nombres de los familiares más cercanos del sujeto. Anotarás un punto por cada acierto con los nombres, y medio punto por acertar con la inicial correcta. Escuchar información clariaudiente es parecido a la manera en que escuchas las palabras que se van grabando en tu mente cuando lees tranquilamente. Se trata de clariaudiencia subjetiva. Acabarás pudiendo desarrollar la capacidad de escuchar tanto los nombres como los apellidos de esas personas, pero eso es muy poco frecuente. Tal vez incluso desarrolles la capacidad de oír con claridad otros diálogos procedentes de los espíritus.

Ejercicio: ¿qué estoy haciendo?

En el siguiente ejercicio identificarás lo que tu compañero ha hecho a lo largo de la semana pasada. Igual que antes, debes prepararte y armonizarte con la vibración de tu compañero. A continuación, intenta identificar –utilizando tus dotes psíquicas– lo que tu compañero ha estado haciendo a lo largo de un período de cinco días. Empezarás sintonizando cada día concentradamente y pidiendo a tu yo superior que te muestre lo que hizo tu compañero ese día en concreto. Puede ser algo tan simple como sacar a pasear al perro. Tal vez veas una imagen clarividente que no es casual y que no debe confundirse con suerte o coincidencia, como sería cambiar un neumático un día en particular. Vete haciéndote una idea. Por ejemplo, no te pondría una puntuación muy alta si me dijeses: «Fue de compras». Eso sería demasiado general para mí. Pero si me dijeses, correctamente: «Fue de compras y adquirió una botella de vino y una camisa», me sentiría inclinado a admitir que hiciste una diana clarividente. De hecho, si fueses así de bueno, te ayudaría a desarrollarte profesionalmente. Claro está, también puedes hacerlo como un ejercicio de premonición. Para ello necesitarás pedir a tu yo superior que te muestre lo que le sucederá a tu compañero en las semanas posteriores. Predecir el futuro de tu compañero funciona de la misma manera que ver su pasado.

Ejercicio: ¿están atacando?

Aquí tienes un ejercicio que puede realizarse en el *dojo*. Para este ejercicio hay que trabajar en grupos de tres. Uno de vosotros debe elegir que le venden los ojos, tras lo cual hay que permitirle que medite y se interiorice. Los demás se colocarán a continuación delante o detrás del que lleve la venda, que identificará el momento en el que las intenciones de los "atacantes" precederán a un ataque. Ahora bien, hay que ser conscientes de que el objeto de este ejercicio no es intentar evadir un ataque. La cuestión radica, más bien, en identificar la intención que precede a la manifestación física y el movimiento del ataque. La razón de esta distinción se debe a que, de otro modo, los escépticos afirmarían que las respuestas correctas estuvieron ayudadas por señales audibles. Para que las cosas resulten más difíciles, el individuo con los ojos vendados deberá identificar al "atacante" por el nombre.

Ejercicio: ¿quién está señalando?

Se trata de un ejercicio brillante y divertido en el que puede participar todo el *dojo*. En primer lugar, es necesario hacer una corta meditación, sentándose en círculo. Hay que elegir a una persona, que deberá permanecer con los ojos vendados en medio del círculo. En momentos elegidos al azar, el *sensei* elegirá a alguien haciendo un gesto con la cabeza en su dirección, y esa persona deberá señalar en silencio hacia el estudiante con la venda en los ojos y sentado en el medio, a la vez que se armoniza con sus intenciones psíquicas. Cada acierto significa un punto. El ganador es el que obtiene más puntos. Puede iniciarse una tabla en el *dojo* y convertirlo en una competición amistosa. Para hacerlo más difícil, puede pedirse a la persona en el centro que sintonice y ofrezca una impresión psíquica de las condiciones presentes o pasadas del individuo que le ha señalado.

Técnica psíquica

Estos ejercicios te ayudarán a crear un nivel básico de desarrollo sobre el que seguir creciendo. Podría enumerar cientos de ejercicios, pero he de limitar la cantidad de material que puedo ofrecer en el libro. Mientras realizas los ejercicios, puede que percibas los cambios en el *dojo* y en tu práctica de inmediato o puede que no, pero te garantizo que empezarás a cambiar subconscientemente. Descubrirás que puedes transitar sin problemas entre técnicas mientras mantienes la conexión intuitiva. Esta conexión hace que tu mente, cuerpo y espíritu operen como una unidad. Podrás identificar la intención del oponente y tu cuerpo reaccionará sin pensamiento consciente. Así es como empezarás a trabajar en el *kukan* (espacio vacío) de la vaciedad.

El Quinto Anillo

La psique: evidencia y aplicación

Existe la posibilidad que al continuar con tu desarrollo, puedas entrar en las esferas ocultas del mundo espiritista. Ten en cuenta que Soke y los maestros de otras disciplinas *budo* reconocen la realidad de este mundo. En tu meditación podría visitarte un guía, una presencia angélica o un familiar fallecido.

Mensajes desde el mundo de los espíritus

Siempre supe que yo era médium, de nacimiento, pero no era algo que estuviera dispuesto a admitir en público por miedo al ridículo. No obstante, más tarde me desarrollé y formé profesionalmente. Me gustaría ofrecer unos cuantos ejemplos personales que mostrasen la manera en que los mensajes transmitidos en el *dojo* han tenido un efecto importantísimo para la persona a la que iban destinados, tanto dentro como fuera del

dojo. En estos casos utilizaré ejemplos de mis lecturas con estudiantes, incluyendo una que tuvo lugar fuera del *dojo*, con
alguien que se encontraba a miles de millas de distancia.

La historia de Ian

A veces, las mejores lecturas –y lo más emocionante en la vida
de una persona– no ocurren cuando me han pedido cita, sino
cuando el mensaje de los espíritus llega inesperadamente. El
padre de Ian apareció de repente durante la práctica para ofrecer consuelo y amor a su hijo.

«El día de hoy empezó de la misma manera que cualquier otro.
Al menos hasta el momento en que recibí una llamada de Jock
preguntándome si querría practicar en privado. Sólo estábamos
Jock, Darren y yo, y fue una buena sesión, una manera de practicar
totalmente distinta, bastante profunda en ocasiones.

»Sin embargo, lo que sucedería a continuación iba a ser
alucinante. Nos hallábamos sentados y hablando en el parque
cuando Jock me preguntó si me había comprado una furgoneta
nueva. Sintiéndome algo confuso le dije que no tenía intención de
hacerlo. Cuando le pregunté por qué me lo preguntaba, miró hacia
mi camioneta roja y contestó que podía ver una blanca en su lugar.
Descarté el comentario. Luego Jock me preguntó sobre mis padres
y quiso saber si mi padre había muerto. Mi padre había muerto
hacía cuatro años. Jock hizo una pausa durante unos instantes y

luego dijo: "Tu padre está aquí". Yo pensé: "Vale, pues qué bien". Soy muy abierto para algunas cosas, pero hubo una parte de mí que dijo: "Por ahí sí que no paso". Sea como sea, seguimos adelante y me sorprendió la precisión de Jock con los nombres, fechas, momentos y problemas, e incluso con algunos pequeños rasgos que tenía mi padre, por no mencionar su descripción del perro pastor escocés de mi padre…, incluso me dijo su nombre. Fue una experiencia muy emotiva para mí, y no obstante me ayudó a responder a algunas cuestiones que siempre tuve pendientes. No había manera de que Jock hubiese tenido información acerca de todo lo que me contó, y lo que quiero es darle las gracias desde el fondo de mi corazón por ayudarme, por utilizar ese don especial y por ser un profesor tan bueno. Es un privilegio ser uno de sus estudiantes.

»Debo advertir a todos aquellos que hayan podido sentirse algo perdidos o con necesidad de hallar respuestas a algunas preguntas que sigan el consejo de Jock. Aunque seas un escéptico, no quedarás defraudado. Ah, y una última cosa: un mes o así después de mi lectura adquirí una nueva camioneta roja… que antes había sido blanca.»

IAN K.

La historia de Andy

La religión también puede cohibirnos y bloquear la comunicación de los espíritus que pudiéramos recibir. Cuando se deshacen esos bloqueos y caen esas barreras, podemos empezar a explorar en profundidad el potencial innato de nuestras vidas y de nuestra práctica. El miedo es una barrera muy importante, pero para conquistarla sólo hacen falta unos pequeños pasos.

«He estudiado artes marciales con Jock durante casi un año. En ese tiempo me explicó que era vidente y médium. He estado con él mientras recibía mensajes y los transmitía a otras personas. Al haber perdido a mi padre tan joven me pregunté por qué no había recibido nunca un mensaje suyo. Mi padre era un hombre religioso (perteneció al consejo de una iglesia), y nuestra familia estaba muy implicada con la iglesia, tanto si se trataba del club juvenil como de la catequesis dominical o la clase de Biblia. Creí que tal vez mi padre no aprobaría la lectura de un médium porque consideré que no se trataba de una práctica cristiana. Me pensé lo de la lectura durante mucho tiempo. El dolor por haber perdido a mi padre sigue muy presente en mi familia e imaginé que ningún miembro de la misma lo aprobaría. De cualquier modo, acabé pidiéndole una lectura a Jock, explicándole que mi padre había muerto. Asintió y me dijo que no quería saber nada más que pudiera interferir. Todo lo que Jock sabía de mí era que estaba casado y tenía un hijo pequeño, que me gustaba correr y jugar al golf y que hacía de taxista.

»Cuando dio comienzo la lectura, Jock llevaba ropa informal y estaba sentado en su casa. Al principio me sentí algo ansioso e inseguro acerca de qué esperar. Enseguida me dijo que había una mujer, Margaret o Mapel o un nombre gracioso que sonaba a Mabel y que había fallecido a causa de una enfermedad mental o de un derrame cerebral, y que en ese momento estaba limpiando. Le contesté que el nombre era Mabel, que era mi abuela y que me sentía muy cercano a ella. Antes de su derrame, se sentía muy orgullosa de su casa. Jock me contó que era un mujer muy terca y yo pensé: "Sí, ésa es la abuela".

»Jock me dijo que hacía aparecer a un hombre, Alexander. Ése era mi padre. Inmediatamente a Jock empezó a costarle respirar y me preguntó si mi padre tenía problemas respiratorios. Antes de que yo pudiera contestar, dijo que mi padre había muerto de un ataque de asma, lo que era correcto. Jock me dijo que mi padre se sentía muy orgulloso de mí y que me quería, que sentía no habérmelo dicho mientras estuvo vivo. La lectura continuó y Jock me dio las fechas exactas de su muerte, en noviembre, y el aniversario de su boda, en septiembre.

»Dijo que el mes de marzo parecía ser importante en los nacimientos, pues cuatro miembros de la familia habían nacido en marzo. Lo mismo parecía suceder con abril, pero no se me ocurría un motivo para que así fuese. Más tarde, Jock me dijo: "Tu padre me dijo 'abril' tres veces, así que debe ser importante". De repente me di cuenta de que mi boda fue en abril. Jock explicó que mi padre se sentía triste por no haber podido estar allí, pero que sabía que alguien hizo un brindis en su nombre. De hecho, el pastor de mi iglesia, que conocía muy bien a mi padre, habló sobre él en la boda, explicando que fue un buen padre de familia y que se había sentido muy orgulloso de mí y de mis hermanos. Jock dijo que mi padre también estuvo observando nuestro primer baile, lo cual hizo que me sintiese muy feliz.

»También hubo momentos durante la lectura que me hicieron reír, algo que no hubiera esperado. Mi padre me había estado observando una noche cuando mi hijo pareció enfermo. Yo estaba en una habitación con muy poca luz, acunando a mi hijo y cantando algo para él. Mi padre dijo que canté fatal, muy desafinado. Jock me dijo a continuación que a mi padre le encantaba un plato escocés muy típico, *mince and tatties* (carne picada con puré de patatas), y que le encantaría volver a probarlo.

»Jock continuó explicando que mi madre continuaba muy apenada. Mi padre me pidió que le dijese que seguía amándola mucho y que le enviase flores. Los lirios, las flores de lis y las rosas eran importantes. Poco después de su muerte, mi madre plantó rosas en el jardín de delante, pues a mi padre le encantaban. Jock también contó que a mis padres les gustaba mucho la jardinería y el huerto, y que a menudo mi madre le recordaba mientras trabajaba en el jardín. Mi padre cultivaba su propia verdura y tenía un invernadero. Cuando Jock dijo eso, pensé enseguida en las tomateras que mi padre cultivaba cada año. Estaba precisamente pensando en eso cuando Jock me dijo que mi padre se sentía muy orgulloso de sus tomates.

»He de admitir que lo de la lectura me hacía sentir un tanto escéptico a causa de mi educación cristiana. No sabía qué me iban a contar, o si habría algo que sería relevante. Había leído que los médiums pueden comunicarte información que podría encajar con cualquiera. También era consciente de que hay personas que pueden captar señales de información al hablar contigo, algo que yo aprendí a hacer cuando me dediqué a las ventas. La información básica acerca de mi familia podía haberla obtenido de mí mismo. Sin embargo, según avanzó la lectura, Jock habló de mi familia, de fechas, de sucesos; me dio una enorme cantidad de información, parte de la cual seguí teniendo presente varios días después. Quise hablar con mi madre para comprobar lo que Jock me había dicho. Descubrí que gran parte de la información era sorprendente, pero hubo cuatro cosas que realmente me sacudieron. No había manera posible de que Jock pudiera haberse enterado o descubrir lo siguiente:

»En primer lugar, dijo que mi padre quería saludar a Pat, que era su mejor amigo y con quien solía ir a nadar. Durante los últimos 20 años había ido con él a nadar cada semana. Jock dijo algo que me sorprendió: "Todavía se acuerda de cómo funciona". Pat tiene 83 años y es un magnífico nadador. A su edad sigue ganando con facilidad a nadadores la mitad de jóvenes que él, incluso a otros mucho más jóvenes. Siempre que le veo nadar el primer largo le digo: "Todavía te acuerdas de cómo funciona".

»En segundo lugar, Jock me dijo que había visto un petirrojo. Dos días antes vi un petirrojo, con un pecho muy rojo, que me miraba. Recuerdo haber pensado en ello: el primer petirrojo del invierno. Jock explicó que era una señal de mi padre. Lo que más tarde me sorprendió fue una conversación que tuve con mi madre. A ella no le había contado nada del petirrojo, pero me dijo que siempre se imaginaba a mi padre como un petirrojo. El primer invierno tras la muerte de mi padre había nieve en su tumba y un petirrojo se había posado en la lápida.

»En tercer lugar, Jock me dijo que a mi padre le gustaba la

música y añadió: "Ojos tristes". Recuerdo que mi padre tenía un tocadiscos en la sala de estar y algunos discos. Cuando le pregunté a mi madre, me dijo que la canción favorita de mi padre era "Don't it make my brown eyes blue" (No entristezcas mis ojos marrones).

»Finalmente, Jock me dijo que mi padre quería darle flores a mi madre: lirios, flores de lis y rosas. Fui a una floristería y las encargué, pero la lástima es que no era época de flores de lis y que debería esperar cuatro días. Jock también me contó que mi padre quería carne picada y puré de patatas. Fue a casa de mi madre en su busca: mi madre estaba cocinando carne picada y puré de patatas para cenar. Cuando nos fuimos, mi esposa me preguntó algo sobre las flores del jardín, que parecían puerros pequeños. Mi madre contestó: "Son flores de lis, muy raras de ver en esta época del año". Sonreí.

»He llevado una pesada carga emocional durante años, pero desde la lectura me siento mucho mejor. Ya sé que la expresión "Me han quitado un peso de encima" parece gastada, pero ésa es la sensación que tengo. Me gusta pensar que mi padre está cerca, ocupándose de mi familia y de mí.»

ANDREW FRAZER

Saludos de la mejor amiga de Christy

La carta que aparece a continuación hace referencia a una lectura en particular que le hice a Christy, una miembro del Bujinkan de Arizona. La lectura también se hizo por ordenador mientras hablaba de unos seminarios con ella. Sarah –alguien a quien yo no conocía y que había fallecido recientemente (hacía muy pocos años) de cáncer de mama– era la mejor amiga de Christy y apareció de repente para saludarla y hacerle saber que estaba bien. Me sentí honrado de que Sarah eligiese comunicarse a través de mí esa noche.

«Esa especie de lectura improvisada me pilló desprevenida. No la esperaba, pero, Jock, diste en el clavo desde el principio. Supongo que Sarah quería realmente llamarme la atención. Con franqueza, he de decirte que antes de todo esto nunca me hicieron ningún tipo de lectura "oficial". Soy un tanto paranoica respecto de estos temas. La información que me transmitiste era muy personal, totalmente desconocida para los demás. El hecho de que señalases esa cuestión tan personal que recuerdo de ella me dejó estupefacta. La riqueza de los detalles que me transmitiste me hizo llorar. Las historias de las que fuiste consciente, los momentos que Sarah y yo pasamos juntas… No hay forma de que nadie pudiera estar enterado de todo eso.

»Jock, me quedé literalmente casi muda desde el principio hasta el final. No tengo palabras para expresarte lo que esa lectura significó para mí, y me da mucha paz saber que Sarah está bien.

»Gracias, desde el fondo de mi corazón. ¡Espero volver a verte pronto!»

CHRISTY, de Arizona Bujinkan

La historia de Kris

Ésta es otra carta de una persona que recibió unas evidencias abrumadoras acerca de la persistente existencia espiritual de unos familiares ya fallecidos. Fui el médium a través del que le transmitieron sus mensajes, y como leerás, también pude utilizar mi sexto sentido de manera práctica para resolver una frustrante situación.

«Una advertencia: lo que estoy a punto de escribir es totalmente cierto. Siento interés por el fenómeno psíquico de la videncia desde hace muchos años, y por ello siempre he sido un tanto suspicaz frente a personas que afirman ser médiums o videntes: conozco las técnicas que utilizan los charlatanes para embaucar a la gente. Durante el tiempo que pasé con Jock Brocas, él no utilizó ninguna que pudiera identificar. Me parece que es uno de los escasos y verdaderos videntes que hay en el mundo, y es el único médium profesional que conozco en el Bujinkan.

»Mi vuelo hacia las Tierras Altas de Escocia tuvo lugar antes de lo esperado. Fui para ayudar y aprender en un seminario que Jock ofrecía en el Dojo Bujinkan Taijutsu de Inverness. Tras llegar finalmente a la estación término de ferrocarril de Inverness a primera hora de la tarde, me vino a recibir un hombretón que se presentó por primera vez: era el mismísimo Jock.

»Sentía ciertas reticencias acerca de mi viaje, porque mi profesor personal, que tenía previsto asistir, se había visto obligado a cancelar su intervención a causa de una lesión sufrida pocos días antes. Por este motivo me costó mucho encontrar alojamiento para ese fin de semana. Jock fue muy amable al acompañarme por medio Inverness para tratar en hallar una habitación, lo cual nos proporcionó una estupenda oportunidad de conocernos. Aunque ya sabía que era médium vidente, no tenía la menor intención de sacar el tema a relucir, si bien hablamos brevemente de ello mientras conducíamos, al comentar su libro.

»Preocupado por encontrarme un sitio, Jock recordó de repente un pequeño albergue cerca de su *dojo*, y allí nos dirigimos. Por suerte, el albergue tenía un cuarto libre. Era el tipo de establecimiento que una imagina poder encontrar en las Tierras Altas, pero que rara vez encuentra.

»Tras cumplir los trámites en la recepción y recoger mi llave, metí mis escasas pertenencias en la habitación e invité a Jock a tomar un café en la zona de descanso, que tenía vistas a una pradera donde pastaban unas cuantas vacas a la sombra de un monte escocés.

»Era a primera hora de la tarde, pero Jock y yo ya habíamos hecho buenas migas, y disfrutábamos de la mutua compañía cuando él puso una cara rara mientras volvía su rostro a la derecha, como si escuchase algo. No hablaré de los detalles que me contó, sino que ofreceré una visión de conjunto.

»Me dijo que había un grupo de personas que se dirigían a él respecto de mí; llegó a la conclusión de que se trataba de tres. Luego me preguntó concretamente si conocía a alguien con un nombre que empezase con "M", como María, y si conocía a una Anne o Annie. En ese momento dije que no, pero me picó la curiosidad.

Me pidió que volviera a pensármelo, porque ese espíritu insistía en estar allí por mi causa. Sugerí que tal vez podía tratarse de mi abuela, Madeleine, pero él dijo que no. No era ella. Lo consideré un poco más, pero seguí en blanco. ¿Quién más con un nombre que empezase por "M" había fallecido? Volvió a intentarlo, diciendo que la persona había sido muy importante para mí. Seguí sin saber de quién se trataba. Continué en blanco hasta que el propio Jock la identificó… ¡Era mi madre! Mi error radicó en pensar en ella con el apodo que utilizara en vida: Bibbi. Pero su verdadero nombre era ¡Anne-Marie! Una vez identificada, Jock procedió a preguntarme si reconocía algunos datos, mientras intentaba interpretar lo que ella quería decirme. En algunos casos sí que lo hice, mientras que en otros no. Pero poco a poco fue llegándome su mensaje.

»Durante la conversación también fueron identificados correctamente mi padre y mi hermana mayor, aunque no había manera de que Jock pudiera saber que yo había perdido a esas tres personas. Claro está, es posible que hubiera adivinado que había perdido a mis padres, pero dudo que también adivinase lo de mi hermana. Me pidió que confirmase cosas que eran, debo decir, poco corrientes, el tipo de cosas que convierte a las personas en seres únicos. Jock estuvo allí sentado durante casi una hora y media mientras interpretaba los mensajes que le llegaban, toda una revelación para mí, pero nada extraordinario para él. Sin embargo, hacia el final, ambos estábamos muy cansados. A la mañana siguiente debíamos madrugar para asistir al seminario, así que dejamos la sesión allí.

»A la mañana siguiente nos encontramos para desayunar en el

hotel y la conversación versó sobre la lectura de la noche anterior. En cuanto empezamos a hablar, Jock volvió a recibir mensajes del mundo de los espíritus, y en esta ocasión mi padre proporcionó una importante ratificación acerca de un anillo que tuvo.

»Ahora bien, sé que es posible recabar cualquier información general y que mucha gente lleva anillos. Pero lo que me dejó de piedra fue la evidencia que apareció cuando Jock dijo que se trataba de un anillo que tuvo mi padre y que no era de casado, sino que se lo ponía de vez en cuando y luego añadió: "Es una especie de anillo de fraternidad". Fue un acierto directo.

»En el transcurso del fin de semana tuvo lugar otro incidente, algo que ni siquiera tenía que ver conmigo, que fue la mejor prueba de legitimidad que pudiera haber presenciado. Mientras íbamos conduciendo, un cliente llamó a Jock a causa de unos papeles muy importantes que aparentemente habían desaparecido, algo que él ya había predicho. Sin alterarse lo más mínimo, procedió a explicar que los documentos estaban cerca de la persona, en una bolsa de algún tipo en la parte de atrás de un armario cerrado del dormitorio, y dio por finalizada la conversación. Una hora más tarde, le confirmaron que habían encontrado los documentos, justo donde él había dicho. No he conocido a mucha gente con el talento o la disposición de ayudar a las personas que Jock me demostró ese fin de semana en que nos conocimos. Las cosas que me contó fueron tan precisas como útiles. Espero llegar a conocerle mejor en el futuro».

KRIS QUINN, 4 de julio de 2009, Harstad, Noruega

El hermano de Charlene se ocupa de la familia

Los espíritus no sólo llegan para ofrecer consuelo y dar pruebas de su existencia. A menudo tienen necesidad de ofrecer lecciones de perdón, y de reconstruir el puente de amor y comprensión. En esta ocasión no era un estudiante mío el que necesitaba el mensaje o la orientación. Era su familia cercana y sus relaciones. Puede llegar a ser una experiencia que te cambie la vida.

«Mi esposo Paul, que es estudiante de artes marciales (Bujinkan) de Jock, me lo presentó. Paul le pidió a Jock que viniese a casa a tomar una taza de té. Yo me sentía algo nerviosa ante la perspectiva de conocerlo y no sabía qué esperar. Sin embargo, al cabo de pocos minutos, Jock había dado voz a mi hermano fallecido y confirmado que se había suicidado en 1996, un suceso devastador para mi familia. La tragedia dejó muchas preguntas y dudas sin respuesta, y siempre estuvo presente en mi cabeza. Como puedes imaginar, era un tema muy emocional para mí y me molestó un poco, al ser la primera vez que me enfrentaba realmente a mis sentimientos desde la muerte de mi hermano.

»Los detalles sobre mi hermano fueron muy precisos: cómo había yo besado una foto suya el día antes, cuando mi esposo estaba de espaldas y cómo había pensado en hacerme un tatuaje con su nombre. Eso era algo de lo que nunca hablé con nadie. ¡Ni siquiera con mi marido!

»Unos meses antes, mi familia se enfadó, y yo suspendí todo

contacto con mi hermano pequeño. Todo eso lo mencionó Jock con una sorprendente precisión: mi hermano fallecido quiso resolver la situación.

»Increíblemente, tras la lectura, los miembros de mi familia volvieron a restablecer los contactos y ahora estamos en buenos términos y nos hablamos. Jock también me trasladó mensajes para el resto de mi familia. Se mostró totalmente preciso en todo lo que me dijo y muy meticuloso y cariñoso a lo largo de toda la lectura, algo que me ayudó a sentirme cómoda. A cambio de su ayuda, nunca pidió nada más que una taza de té y una galleta.

»Jock nos ha ayudado, a mí y a mi familia, enormemente para poder superar la muerte de mi hermano y también en otros aspectos de la vida en general. Para nosotros es un consuelo saber que mi hermano es feliz y se ocupa de nosotros. No dudo en recomendar a Jock, ya que es un médium genuino e inteligente, y nos sentimos honrados de que sea amigo nuestro y de la familia.»

Todas estas lecturas tuvieron dramáticos efectos en esas personas. ¿Les ayudó en su práctica? Desde luego que sí, aunque tal vez todavía no sean conscientes de ello. Lo que sí es cierto es que todo lo que te ayude a lidiar con la vida de manera más positiva –sea aceptar la pérdida de un ser amado o resolver situaciones problemáticas personales provocadas por factores externos– sin duda te ayuda en tu práctica. Es cierto que las emociones negativas y las preocupaciones obstaculizan el desarrollo en la práctica, y estar desequilibrado en la vida tiene como resultado una pérdida de equilibrio en el *dojo*.

Ejemplos de intuición táctica

Musha shugyo es tu camino como guerrero, tu camino personal, tu búsqueda o tu peregrinación en busca de la iluminación. A lo largo de ese camino de estudio, todas las personas cambian y se desarrollan, es algo inevitable. Algunos maestros han experimentado su sexto sentido en la práctica, y algunos estudiantes también. Ya he ofrecido algunos ejemplos históricos de maestros que experimentaron este lado intuitivo de su psique. Otros artistas marciales y maestros también lo han experimentado de forma directa en tiempos más modernos. Daniele Bolelli, autor de *On the Warrior Path*, narra un incidente que sucedió cuando salía del *dojo* donde practicaba. Un hombre al que describe como "parecido a una montaña pequeña" se le acercó. Ese hombre albergaba malicia en su mente y le preguntó a Daniele qué arte marcial estudiaba y qué le parecía. Su lado intuitivo le envió señales desde la boca del estómago, y respondió que sólo había asistido a su primera clase y que no se había hecho todavía una idea. El resultado del suceso fue que Daniele escuchó su sensación interna y diluyó una situación potencialmente violenta. En lugar de una pelea, recibió indicaciones ¡y un chicle gratis! La "montaña pequeña" eligió otro objetivo del *dojo* después de que Daniele se marchase, al que atacó tras recibir la respuesta que esperaba.

Intuición policial

El doctor John Enger, antiguo teniente de la policía y maestro de artes marciales, me contó la siguiente historia:

«¿Cómo explica un niño su conocimiento previo de cosas que sucederán, o cómo siente las cosas malas o "dañinas" a su alrededor, por no hablar de cómo comprende lo que está experimentando? ¡Ésa era mi frustración! Siempre lo llamé "conocer a mi conocedor". Intentaba hablar a mis padres cuando sentía cosas acerca de mi propia vida y de las vidas de otros. Tras intentarlo durante un tiempo, al final desistí de tratar de convencerlos y me lo guardé todo para mí mismo. Al crecer me convertí en un consumado introvertido. "Veía" cosas en mi mente, ensoñaciones, y oía esa vocecita que me orientaba acerca de tantas cosas… ¿Estaba loco? ¡Ni por asomo!

»Entonces, ¿qué es el "conocedor"? Resulta difícil definirlo con claridad. Sin embargo, podría entenderse a través de los informes de los testimonios de quienes han aceptado su existencia y permitido que se convirtiese en una parte de sus vidas. Esas personas confían en el conocimiento psíquico para ayudarse a protegerse y orientarse, tanto a sí mismos como a otros que están dispuestos a prestar atención a quienes ven y oyen desde su alma. Se trata de un don que todos tenemos, y que nos ha sido otorgado por nuestro creador. Al recibir un don tienes dos opciones: o lo aceptas o lo rechazas. Algunos son muy conscientes de su don desde una edad muy temprana, y creo que eso también es otro don. Quienes lo desarrollan pronto son bendecidos con la oportunidad de ayudar a otros a desarrollar lo que ya poseen.

»Empecé a estudiar artes marciales de adolescente y me di cuenta de que el *dojo* era un lugar estupendo donde refinar mi "conocedor intuitivo" durante los combates de entrenamiento. Aprendí a "sentir" lo que mi oponente estaba a punto de hacer y desarrollé la manera de evitar ser sacudido en muchas ocasiones. Siempre me divertía frustrar a mis oponentes, provocando que me persiguiesen por el *dojo*. En realidad, nunca pensé en devolverles los golpes, pues ése no era mi objetivo. Para mí era un ejercicio mental a través del que aprendí a desarrollar un don que creo que se me concedió, junto con las habilidades que mi *sensei* me impartió. ¿Funcionaba siempre? Desde luego que no, ¡pero te aseguro que acertaba más que fallaba! Creo que cualquiera puede aprender a hacer lo mismo: es posible enseñar a sentir lo que el otro está a punto de hacer. De hecho, están transmitiéndote mensajes continuamente sin ser consciente de ello. Sintonízate ¡y los verás llegar!

»Cualquier agente de la ley te puede contar historias acerca de situaciones en el desempeño de su labor en el que se salvaron por los pelos gracias a su formación y las habilidades que desarrollaron. También hay agentes de policía que te hablarán de situaciones en las que actuaron siguiendo únicamente su "intuición", y que el hacerlo modificó enormemente el resultado de la investigación. Algunos agentes se dan cuenta del don que poseen, mientras que otros simplemente insisten en hablar de "corazonadas" o "presentimientos", pero se niegan a aceptarlos como parte de su ser o como algo que pueden utilizar en cualquier ocasión que lo necesiten. Permite que te cuente una historia sobre cómo evité que me apuñalasen mientras respondía a una llamada de "un robo en curso".

»Habían reventado unas cuantas máquinas de cambio en el distrito. Apalancaban las máquinas y se llevaban elevadas sumas en metálico, por no hablar de los daños causados a las máquinas. Hablé con el detective de nuestra división de que tenía una corazonada de verdad (conocía a mi conocedor) acerca de que debíamos instalar un sistema de alarma en cierto grupo de máquinas expendedoras y en una máquina dispensadora de cambio en un edificio en concreto. Así lo hicieron, pero nada sucedió en un par de semanas.

»Más tarde, iba yo conduciendo una noche hacia el trabajo cuando vi en "mi mente" una imagen muy clara –una visión, si quieres– de la zona en la que se instalaron las alarmas. Lo siguiente que vi fue a un hombre corriendo por un largo pasillo de ese edificio llevando un destornillador de mecánico enorme en su mano mientras mi compañero gritaba por la radio que se dirigía corriendo hacia la salida este. Luego me vi a mí mismo frente al sospechoso mientras se lanzaba hacia mí con el destornillador en ristre, apuntando hacia mi rostro. Me pilló desprevenido y me asusté. La visión acababa allí. Y te digo lo siguiente: cuando experimento ese tipo de cosas, me las tomo muy en serio.

»Tras esa revelación, llegué al trabajo, me serví una taza de café y reflexioné sobre lo que había experimentado mientras entraba a trabajar. A las 23:00 entré de servicio, recibí la tarea y salí por la puerta hacia el coche patrulla, donde mi compañero estaba recibiendo –imagínatelo– un aviso de "robo en curso" desde el edificio con el grupo de máquinas donde se había instalado el sistema de alarma, el mismo que viera en la "visión". Mi compañero y yo saltamos al coche patrulla y él dijo: "Yo iré por las puertas del norte y tú cubre el lado oeste". "No –le contesté–. Si echa a correr, sé que se dirigirá hacia el este." Mi compañero confió en mi instinto y asintió. Aparcó el coche algo lejos del edificio de donde procedía la llamada. A continuación se dirigió hacia el grupo de puertas de la zona norte y yo rodeé corriendo el edificio para alcanzar la salida este. Mientras lo hacía recordé claramente lo que había "visto" mientras me dirigía al trabajo: ¡sabía a qué atenerme! En cuanto entré por la puerta, escuché que mi compañero gritaba por la radio que corría hacia la salida este. Saqué el arma. Cuando el sospechoso dobló la esquina y me vio, levantó el destornillador por encima de la cabeza. Aunque hubiera estado legalmente justificado que le disparase, no lo hice. Después de todo, hubiera sido moralmente erróneo –premeditación por mi parte– dispararle, porque sabía lo que iba a suceder por adelantado. Pero al no ser sorprendido estuve en situación de desarmar al sospechoso, lo cual conseguí haciéndole perder el equilibrio. Dio con sus huesos en el suelo, y se dio tal golpe que soltó el destornillador, desorientado.

»¡Me habían advertido! Creo que de no haberme tomado en serio lo que vi esa noche de camino al trabajo, aquel tipo podría haberme sorprendido al doblar la esquina, pillándome desprevenido, y quizá podría haber acabado herido o muerto. Tal vez la visión evitó también que el sospechoso acabase igualmente muerto. Lo que sí puedo decir es que tuve la premonición sobre dónde iba a dar un golpe el ladrón semanas antes de que sucediese, tras lo cual "observé" la secuencia en una visión que me advertía de un peligro inminente. El resultado fue ¡que nadie acabó herido ni muerto!

»Quienes no eran conscientes de la existencia de ese don ya no pueden excusarse en la ignorancia. Está en vuestro interior. Afinadlo en beneficio de la humanidad. Es gratis. ¡Se trata de un regalo de vuestro Creador!»

Un paseo por Alvarado

El engaño y la confusión pueden marcar la diferencia en una confrontación. Las artes marciales no sólo tratan de técnica y violencia. Para mí, el nivel más elevado de maestría marcial está representado en la capacidad de desactivar y derrotar sin mover un músculo. Utilizar la mente y el espíritu es la expresión del verdadero *budo*, similar a emplear la intuición natural que todos poseemos, pero que algunos la reconocen como algo distinto. ¡Qué paradoja!

«Recuerdo ir caminando una noche por la calle Sesenta en dirección Alvarado. Tendría 18 o 19 años. Iba caminando por la acera de enfrente de la esquina nordeste del parque McArthur, en Los Ángeles. En aquella época aquella zona era un hervidero de todo tipo de actividades más que cuestionables. Estaba repleta de emigrantes recién llegados de El Salvador, Guatemala y Nicaragua.

Los tipos al otro lado del parque llevaban fajos de tarjetas de la seguridad social, y mientras tuvieras aspecto de poder necesitar una te hacían señales, como un camello a la búsqueda de clientes. Si lo que necesitabas era un permiso de conducir falso, entonces te dirigían a otros talleres de documentos de la misma calle Alvarado.

»Me disponía a comprar un burrito en un sitio que estaba abierto 24 horas. No recuerdo el nombre del local, pero carecía de puerta principal y en sus ventanas había barrotes. Le pagabas a alguien al otro lado de un grueso panel de plexiglás. Para más inri, en el remedo de ventanilla aparecían los restos de sangre de un incidente violento sucedido allí recientemente. Cuando entré aquella noche me sentí algo inquieto, pero no obstante pedí un par de burritos y me fui.

»En aquella época me fascinaba el lugar y esa zona de la ciudad. Toda la gente con la que me cruzaba para llegar a mi "chute" de burritos eran personajes: putas, camellos, drogadictos, buscavidas y ex presidiarios; los vagabundos y los anormales me resultaban mucho más interesantes que la gente entre la que crecí. Incluso el vendedor de panochas de maíz más común parecía tener más carácter en su rostro que la mayoría de las personas que yo conocía.

»Como ves, ir a comprar un burrito era para mí toda una aventura. Como no tenía coche, iba andando, pero era algo que ya había hecho muchas veces. Esa tarde en concreto, iba caminando por la calle con la comida mientras el barullo del tráfico en hora punta zumbaba a mi alrededor. No podía oír gran cosa. No obstante, tenía encendido al "observador". Invoqué esa parte de mí que siente todo lo que sucede a mi alrededor, mi observador.

Estaba sintonizado para detectarlo todo en un radio aproximado de 1,5 metros.

»Desarrollé al observador a través de la limitada práctica de *taijutsu* que seguía por entonces. El observador funcionaba siempre desde el momento en que mis pies tocaban el pavimento. Esa parte de mi práctica demostró ser muy útil, como explicaré.

»Mientras iba andando, por alguna razón adopté *Ichimonji no Kamae* (una postura común de *taijutsu*). En ese preciso momento un tipo pasó zumbando en su bicicleta, justo por el espacio que hubiera seguido ocupando de no actuar con rapidez. "¡Podías haberme tirado de la bici!", gritó mientras pasaba a mi lado. Vaya. No sentía miedo, ni rabia, y lo cierto es que lo único que sentía era, tal vez, perplejidad.

»Ahora tengo 43 años. Hace tiempo que me he alejado de ese barrio miserable. A pesar de todo el estrés que vivir allí me ocasionó, lo cierto es que ese entorno sirvió para agudizar mi consciencia como no habría podido hacer en ningún otro lugar. Era consciente de cualquier sombra que se aproximase, y mi observador se tornó muy hábil a la hora de clasificar a las personas y realizar estimaciones de amenazas en términos de espacio y distancia tridimensionales. Yo no le llamo a eso intuición. Y digo que no era intuición porque no intervenía ningún pensamiento. No había cognición previa. Únicamente una respuesta instantánea e innata a algo que representaba una amenaza.

»Mirando hacia atrás, me pregunto si ahora tendría la misma respuesta. Eso fue hace 25 años. He de admitir que ya no utilizo tanto a mi observador. En aquella época era un joven sin dinero y sin forma de poder pagarme la práctica de artes marciales que deseaba. Los tiempos cambiaron, llegó el dinero y volví a practicar.

»En el verano de 2009 dispuse de la oportunidad de toda una vida. Me dirigía a la ciudad de Noda, en Japón, para someterme a un examen a cargo del más importante de los maestros de artes marciales vivos: Soke Masaaki Hatsumi. Su diminuto *dojo* es como una pequeña ONU de *ninjas* de todo el mundo. Puedes encontrar *gaijin** de cualquier parte. A fin de ascender de rango tras el cinturón negro de 41 grados, es necesario pasar por un examen dirigido por Soke Hatsumi o uno de sus profesores mientras Soke observa.

»El examen implica dar la espalda al profesor y mirar a más de cien estudiantes de todo el mundo mientras él o uno de sus estudiantes está detrás de ti e intenta golpearte en la cabeza con una espada de bambú. En esos momentos da la impresión de que la tensión puede mascarse. Todo depende de lo que estás a punto de hacer o de dejar de hacer. No puedes pensar en cómo salir del apuro. Dura unos instantes y o pasas o suspendes.

»Una tarde de un domingo de agosto, me senté por primera vez para someterme a esa prueba. Mi profesor se hallaba detrás de mí y esperaba con la espada en alto por encima de su cabeza, dispuesto a golpear. Pasaron segundos, luego sentí un impulso repentino. Rodé a un lado y miré hacia atrás, pero él no había intentado dar el sablazo. Repetimos el proceso. Volví a rodar a un lado y a mirar, pero seguía sin moverse. Sentí que algo no funcionaba.

---

*   *Gaijin*: japonés, contracción de *gaikoku-jin*; *gaikoku* significa "país extranjero", y *jin* "persona". (*N. del T.*).

Yo sentía que el golpe llegaba y me pregunté a qué se debería. Finalmente, en la tercera ocasión en que rodé a un lado, me volví y entonces sí que había lanzado un sablazo. Yo estaba encantado, pero entonces oí decir a Soke: "¡No!". Me sentí bastante confuso. Yo había echado a rodar, mi profesor había dado el golpe y no me había alcanzado. Sí, debía haber un error. Estaba seguro de haber aprobado la prueba. Más tarde, me dieron otra oportunidad con uno de los principales estudiantes-profesores de Soke Hatsumi. Golpeó y yo me aparté, evitando ser alcanzado. Para mi sorpresa, Soke volvió a decir: "¡No!".

»Más adelante, tras haber hablado de ello con mi profesor, creí comprender por qué no pasé la prueba. Mi profesor me dijo que cada ocasión que me aparté correspondía al momento en que él tuvo la intención de golpearme. La intención y el golpe eran cosas distintas. Yo me había apartado con la intención, pero no ante una amenaza inmediata. Acabé pasando la prueba el viernes de esa semana, un día antes de volver a casa. Volví a utilizar al observador. Creé mi perímetro y esperé. Sentí la intención de golpear al cabo de unos pocos segundos, pero en esta ocasión no me moví. Aguardé, pues estaba seguro de que el golpe no tardaría. El sable entró en el campo que me rodeaba, y yo me aparté sin pensamiento consciente… ganándome un aplauso. El mío parecía un caso perdido, pero lo bueno de la gente en el Bujinkan es que te apoyan. Te llegan sus mejores deseos.

»Esa prueba es distinta para todo el mundo, y la manera en que se desarrolló para mí sólo corresponde a mi propia experiencia. Algunos no tienen ni idea de qué podría sucederles si se mueven y evitan el golpe por sus propias y desconocidas razones. Otros se llevan un golpe en la cabeza y vuelven a casa. Aunque yo me aparté de los golpes originales, lo cierto es que me moví por motivos equivocados. Me aparté basándome en la sensación de la intención. Mientras la intención y el golpe tengan lugar a la vez, eso funcionará. Ahora tengo claro que el problema radicaba en sentir una intención y responder ante ella, en lugar de responder a la amenaza real. Una persona puede tener la intención de matarte ahora, pero tal vez elija hacerlo en un momento que le convenga. Eso pudiera ser en cinco minutos, la semana que viene o el mes que viene. Expresar una reacción podría provocar una respuesta peor. Eso fue una gran lección de la vida para mí. Fue lo que Soke Hatsumi me enseñó a través de ese proceso. De haber pasado el primer día, habría estado encantado, pero nunca hubiera aprendido la lección. Me alegro de que Soke Hatsumi se mostrase tan crítico al supervisar mi prueba, permitiendo que yo trabajase en ello.

»Siento que se ha cerrado el círculo desde los días en que recorría la calle Alvarado para comprar un burrito. Mi observador no detectó intención alguna de perjudicarme aquel día en que salté a un lado, poniéndome a salvo. Sólo fui consciente de mi entorno de una manera muy intensa. Comparando aquellos pocos años de formación con los muchos más que se desarrollaron desde entonces, me parece extraño que necesitase recordar esa época en que las calles por las que me movía no eran seguras y mi guerrero interior se despertaba cuando iba a ver si conseguía algo para comer.»

DR. JAMES CLUM, *Shidoshi*

En realidad, lo que James denomina su "observador", de hecho es la intuición, pues la intuición no juega ni se entretiene con el pensamiento consciente. Este tipo de energía no es un proceso de pensamiento: está más allá del alcance del pensamiento consciente, y de hecho forma parte de la superconsciencia. La energía intuitiva se mueve con tanta rapidez que es imposible seguirla conscientemente. Tu intención puede encenderla o apagarla, pero en la mayoría de las ocasiones –cuando has desarrollado tu sexto sentido– la intuición funcionará las 24 horas del día, siete días a la semana.

El Sexto Anillo

Bizarría espiritual

¿Qué significa ser guerrero en estos tiempos modernos? Suelo decir a mis estudiantes que si cuentan con el conocimiento y la destreza para matar, y se enfrentan a la terrible decisión de si golpear o no hacerlo, entonces decidir mostrar clemencia frente al oponente ciertamente equivale a ser un verdadero guerrero. Morihei Ueshiba afirma que «solucionar los problemas antes de que se formen es el camino del guerrero». Mirar más allá de la mediocridad del mundo material y ver la belleza de lo que existe allí es la verdadera naturaleza del guerrero, la auténtica bizarría. Observar el milagro de la vida a nuestro alrededor y conocer su naturaleza divina es la verdadera bizarría. Mostrar amabilidad, respeto, humildad y ser atento y considerado también es ser un verdadero guerrero. Aprender a perdonar es el pináculo de devenir un guerrero de verdad.

Ser un guerrero no tiene que ver con cuántas batallas se han ganado o cuántos conocimientos se tienen acerca de combates. Tal y como escribió Sun Tzu: «Quienes ganan luchando no son verdaderamente hábiles. Los verdaderamente capacitados son quienes ganan sin luchar». Convertirse en un guerrero capacitado y ganar todos los conflictos no querrá decir nada si permites que la vida te derrote en todas las cuestiones. Tu vida no tiene por qué convertirse en una batalla para poder ser feliz. Estudiar *budo* y el camino marcial nos permite dejar atrás ese tipo de obsesión de manera que podamos vivir la vida como es debido.

A continuación aparecen mis creencias o reglas del guerrero.

Un guerrero es consciente

Por desgracia, gran parte de la humanidad no comprende qué significa ser consciente, estar atento. Una vez que se comprende y se aplica ese concepto, puede cambiarnos la vida de arriba abajo. Ser considerado también nos ayuda a reconocer nuestro espíritu interno y nos recuerda quiénes somos; de este modo podemos desarrollar al máximo nuestros dones espirituales. Estar atento es una serena percepción del cuerpo y de la consciencia, de las emociones y sensaciones. Este término deriva del sánscrito antiguo y está presente en todas las prácticas budistas.

Escribe Thich Nhat Hanh:

«La atención plena es el milagro a través del que nos controlamos y rehabilitamos. Piensa por ejemplo en un mago que corte su cuerpo en muchos pedazos y guarde cada uno en una región distinta: las manos en el sur, los brazos en el este, las piernas al norte, y que luego, gracias a un poder milagroso suelte un grito que consiga reunir todas las partes de ese cuerpo. La atención plena es así: es un milagro que puede reclamar en un momento a nuestra mente dispersa y restaurar su integridad para que podamos vivir cada minuto de vida».*

Siendo un guerrero consciente te olvidarás de los beneficios materiales, de la política, de las creencias obligadas y de la mediocridad. Reconocerás que eres el capitán de tu propia nave y que cuentas con poder interno dentro de ti. Sin embargo, ser consciente es también más: también es gratitud. Por ejemplo, piensa en el sencillo acto de hacer algo en el *dojo* en tu vida cotidiana. ¿Estás realmente presente en ese momento?; ¿eres consciente de lo que haces, de tu cuerpo, de lo que dices y de tu estado de ánimo? ¿Puedes darle gracias a Dios por haberte traído a este lugar? ¿Has pensado en alguna ocasión en quienes te han precedido para que pudieras disfrutar de este asombroso don de aprender o de ser uno contigo mismo? Piénsalo; la mayoría de las personas viven únicamente reaccionando a estímulos externos. Si una persona da un paseo por el campo, ¿está observando el milagro de la vida que

---

* En *Cómo lograr el milagro de vivir despierto*, de hich Nhat Hanh.

tiene lugar ante ella? ¡Casi nunca! Camina para llegar a su objetivo, a su destino. Es un reflejo de su vida. Su único objetivo es alcanzar el final con éxito, y en ese camino pasa por alto el milagro de vida que es su propia creación. El guerrero atento, el guerrero consciente, recorrerá el mismo camino, pero verá el milagro de la vida a su alrededor y en todas direcciones. Observará el cielo, sentirá la tierra bajo sus pies y sabrá que en ese momento camina por un milagro. Se dará cuenta de la belleza de los árboles y del follaje que le rodea y sabrá del milagro de la vida. Con cada respiración sentirá el milagro de la vida a su alrededor, y advertirá que también permea su mente, cuerpo y alma. En ese momento, el guerrero consciente se dará cuenta de que es parte de Dios; una chispa de divinidad que asimismo es creadora, y dará gracias por el milagro que lo rodea. Así es como el guerrero es consciente.

Aprendí esta lección de un modo muy profundo. Un día, mientras esperaba a alguien en la ciudad, observé a la gente a mi alrededor y me di cuenta de que muchas de aquellas personas carecían de presencia interior. En lugar de sentirse felices, su humor estaba gobernado por fuerzas externas. Todos aquellos que me rodeaban estaban gobernados por preocupaciones acerca de dinero y tiempo. Nadie parecía disponer de tiempo para nadie más y parecían alterarse a la mínima, creando una atmósfera de negatividad a su alrededor. Le pedí a Dios que me mostrase la belleza del mundo incluso en esta jungla industrial. Justo entonces, una preciosa mariposa se posó en el camino, delante de mi pie, y yo me agaché para echarle un vistazo de cerca: voló hacia mi cuerpo. En ese instante supe que Dios había respondido a mi oración y a través de las nubes se abrió paso un rayo de sol. Comprendí entonces que las artes marciales tratan más de despertar al ser y al milagro que nos rodea que de combates. Percibir la belleza en algo que parece negativo es lo mismo que redirigir la energía de un oponente colérico. A veces una sonrisa, un pensamiento amable o incluso señalar algo hermoso puede cambiar la dirección de un posible altercado. Mi buen amigo Papasan (Ed Martin, Shihan) me contó esta historia, que ilustra de manera exquisita este tema:

«Larry, un amigo mío, se hallaba sentado en el porche delantero de la casa de su novia, en una zona un tanto "peligrosa" de Albuquerque. Al otro lado de la calle había un tipo mexicano enorme, también en su porche, junto con un grupo de colegas suyos. Más tarde se confirmó que formaban parte de una banda callejera, el tipo de gente con el que no quieres problemas. En Albuquerque existe mucha tensión entre *anglos* y *mexis*. Ese tipo de actitudes estúpidas están presentes en muchos lugares.

»Larry estaba mirando a lo lejos, cuando aquel hombre le gritó, desde el otro lado de la calle: "¿Qué coño estás mirando?". Larry le ignoró, albergando la esperanza de que el tipo perdiese el interés en él. Pero en lugar de ello, el mexicano saltó de su porche y cruzó la calle en dirección a Larry, gritando de nuevo: "¿Qué coño estás mirando?". Mi amigo me contó que pensó: "Cuando ese tipo llegue aquí, se llevará la sorpresa de su vida, aunque ya sé qué estará pensando: "¡Le voy a patear el culo a ese tipo!"". Cuando el hombre llegó frente a Larry, volvió a repetir: "¿Qué coño estás mirando?". Mi amigo me dijo: "No sé de dónde me salió, pero contesté: '¿A que son preciosas las montañas?'". Pillado a contrapié, el hombre se dio la vuelta y observó las montañas. Se quedó tan impresionado por la vista que olvidó el altercado que estaba dispuesto a iniciar al cruzar la calle. Regresó a su casa y se llevó a los colegas al patio trasero, para que ellos también pudieran ver las montañas.

»Al día siguiente, al cruzarse con Larry, le obsequió con una enorme sonrisa y un ademán de aprobación. Durante las dos semanas siguientes, cada vez que se cruzaba con Larry, le preguntaba: "¿Qué tal estás? ¿Puedo hacer algo por ti? ¿Necesitas algo para el coche?". ¡Eso es *ninjutsu*! Ésa es la forma más elevada de "arte marcial": coger a alguien que está decidido a ser tu enemigo y hacer que piense que eres su amigo».

Un guerrero está relajado y se siente seguro de sí mismo

Un guerrero está siempre relajado y se siente seguro de sí mismo. Cuando un guerrero está relajado, controla y es consciente de todo movimiento. Sus seis sentidos revolotean juntos como los átomos vibratorios que componen toda la creación. De esta manera sus sentidos permanecen abiertos a vibraciones externas y, en un momento, el guerrero puede reaccionar de forma intuitiva, en lugar de hacerlo cansinamente, aplastado bajo la pesada carga del pensamiento consciente. Un oponente que pretenda atacarte nunca lo hará desde un estado de ánimo relajado, pues la naturaleza última de un ataque es la agresión. Está enroscado como un muelle a la espera de dispararse y su intención es una acumulación de energía nerviosa en su espíritu. El guerrero relajado lo sentirá, claro está, y se moverá de acuerdo con la energía y no con el pensamiento consciente. La manera en que el guerrero atento permanece relajado e irradia confianza en sí mismo cabreará y negativizará más a su oponente, ya que no logrará alcanzar su objetivo. Así pues, el guerrero consciente es capaz de protegerse y de actuar en consonancia, obligando al oponente a derrotarse a sí mismo. De este modo, nos convertimos en guerreros pacíficos y no en soldados prestos al combate.

Un guerrero no se preocupa

Un guerrero no debería preocuparse, pues sabe que le guía una fuerza superior a sí mismo. Por lo general, tendemos a preocuparnos de cosas que carecen de un sentido real. La mayor parte de las veces nos concentramos en preocupaciones que no podemos modificar en ese momento en concreto. Debemos reconocer que nosotros generamos nuestra propia ansiedad a través de una agitación emocional interna. Eso provoca la energía negativa que se acumula en nuestro aura y que nos hace tomar caminos erróneos y realizar elecciones equivocadas. La preocupación es una emoción que puede convertirte en prisionero del yo; puede provocar una manifestación física de enfermedad y debilitar tu sistema inmunitario. El guerrero nunca se preocupa, pues sabe que le guían a través del camino de la vida. Sabe que el universo proveerá, y su voz intuitiva está presente para comunicarse con la voz que le guía.

Un guerrero es autodisciplinado

Un guerrero es autodisciplinado y no dejará para mañana lo que pueda hacer hoy, pues sabe que ese mañana nunca llegará. El guerrero sabe respetar el tiempo que dedica a la meditación y se esforzará en desarrollar su sabiduría e intuición interiores. Un guerrero consciente sabe que controla todas sus facultades y es capaz de enfrentarse al miedo con la mente clara, utilizando la emoción como arma. Un guerrero considera sagrado el tiempo que dedica a practicar y desarrollar cuerpo y mente en el *dojo*, y no permite que otras labores le distraigan de esta importante tarea.

Un guerrero es agradecido

Un guerrero da gracias por todas las cosas. Demuestra gratitud incluso por las cosas más nimias. Al mostrar esa gratitud, el guerrero desarrolla gracia y paz. Incluso el canto más pequeño puede crear ondas en el agua de todo un lago al impactar en su superficie. De igual manera, el más pequeño pensamiento de gratitud puede crear ondas positivas en tu propio lago.

Un guerrero cree

Un guerrero no sigue ningún sistema de creencias artificial, sino que sigue su corazón y su propio espíritu. Utiliza sus dones espirituales para realizar elecciones sabias y para asegurarse de ser el epítome de la serenidad, la tolerancia y la compasión.

Un guerrero crea conjuntamente

Un guerrero comprende que es el cocreador de su propia vida y destino. Sabe que tiene la capacidad de ser la fuerza creativa que es la propia vida. Es capaz de aprovechar la sabiduría divina y sus dotes espirituales para crear el mundo en que *quiere* vivir, en lugar de permanecer encadenado a un mundo en el que *ha* de vivir. Puede aportar paz a un corazón apesadumbrado.

Un guerrero carece de ego y de deseo

El guerrero se da cuenta de que su ego es la némesis de su camino marcial. Sabe que debe vaciarse de ego si quiere elevarse por encima del descontrol que le rodea y que impera en el mundo. De poder, el ego acabaría consiguiendo que las habilidades marciales estuvieran controladas por las emociones, en lugar de por el corazón. Sólo cuando el guerrero se vacía de ego se permite ser guiado por su corazón, y se abre a la sabiduría del *budo* y a las virtudes que éste encarna.

Un guerrero es servicial

El guerrero considerado sirve a la humanidad y utiliza sus habilidades para proteger las virtudes buenas y justas de la humanidad, en lugar de para combatir. Sólo desenvainará el sable para proteger a sus semejantes, a su familia o al bien supremo. Nunca reaccionará colérico y ayudará a quienes lo necesiten, sabiendo que cada canto bueno lanzado al agua crea ondas positivas que eliminan el mal y la negatividad del mundo. Sus dotes son un regalo de la divinidad y su premio radica en el servicio a la humanidad, no a sí mismo. Así es como el guerrero acaba siendo generoso y espiritualmente evolucionado.

Un guerrero es humilde

Un guerrero es humilde y sabe cómo reconocer sus propias faltas y recelos, comprende que en la búsqueda de la iluminación deberá enfrentarse a perturbaciones internas para poder trabajar en esas cuestiones al ser consciente de ellas y de sí mismo. El guerrero sabe que en su humildad radica la clave para lidiar con la vida de una manera más productiva. Busca la divinidad en lugar de las riquezas y se alegra de la fortuna de los demás.

Un guerrero perdona y es compasivo

El aspecto más importante de la bizarría guerrera es aprender a perdonar. La falta de perdón alimenta una emoción negativa en el alma, y la negatividad lleva al temor, y el temor se alimenta de sí mismo. La ausencia de un espíritu clemente puede provocar todo tipo de problemas en la vida: físicos, emocionales y mentales. Si a los personajes de Dios, Jesús, el Buda y Krishna puede considerárseles clementes, incluso para con aquellos que titubean, entonces como chispas de divinidad que somos deberíamos actuar del mismo modo. De este modo practicamos la atención del sosiego. Tal vez sea también un elemento de *kyojitsu* (verdad y falsedad). No puedes perdonar a nadie a menos que te perdones a ti mismo, pues al ser incapaz de demostrar compasión y clemencia estás restringiendo tu desarrollo espiritual natural. Todo lo que has de hacer es pedir clemencia con verdadera intención y un corazón puro, y te será concedida.

El guerrero es compasivo y demuestra esta compasión con toda la creación de Dios, puede ver la belleza tras la negatividad y comprende los deseos que impulsan al ser humano. No juzga ni ridiculiza y acepta todo y a todos los que comparten este hogar terrenal.

Sostengo y pongo en práctica las diversas virtudes descritas hasta este momento y creo que todos los estudiantes deberían reconocerlas, pues al actualizar esas virtudes actuamos según nuestra verdadera naturaleza y comprendemos quiénes somos realmente. Así podemos llegar a ser uno con nosotros mismos y con la totalidad de la naturaleza. Por ello, nuestros dones no son duales, sino justamente lo contrario. El sexto sentido se convierte en nuestro sentido principal y los otros cinco sólo sirven para realzar el poder de la naturaleza intuitiva que todos poseemos.

Cuentas con el poder para cambiar

Si vives tu vida a la manera virtuosa del guerrero y desarrollas las dotes psíquicas que son, al fin y al cabo, parte de tu espíritu natural, podrás vivir una vida armoniosa, abundante y bendita. Todo el mundo tiene sus propios problemas cotidianos, pero incluso los problemas más pequeños pueden acabar haciéndose demasiado grandes como para poder controlarlos. A fin de controlar esos problemas debes alimentar el deseo y la voluntad de cambiar. Un buen maestro sólo puede ofrecer al estudiante las llaves de la puerta. Debes estar dispuesto a avanzar y abrir esa puerta. También debes entender que las lecciones del *dojo* son aplicables al resto de la vida, y que no es necesario que seas un practicante de *budo* para comprenderlas.

Soltar el ego

Bien, he hablado del ego en varias ocasiones a lo largo del libro, y me gustaría señalar que la palabra forma un acrónimo muy conveniente: *Edging God Out* (en inglés, "dejar a Dios fuera"), que efectivamente también eres tú. El ego intenta destruir la creencia en ti mismo mientras se ríe de ti como un bufón de corte. Te hará sentir incómodo e indigno, e insuflará en ti esa sensación de duda en todo lo que haces. Ello hará que te conviertas en prisionero del yo y que no puedas utilizar tu potencial de cocrear felicidad, éxito y riqueza en tu vida. Te dirá que careces de lo que hay que tener y –como ya he señalado antes– te hará sentir que con tu práctica *budo* no llegarás a ningún sitio. El ego no quiere que forjes la mente, el cuerpo y el alma estudiando artes marciales porque entonces no lo necesitarás más. Se alejará llorando, pataleando y chillando en busca de atención, como un niño. Eso sugiere, tal vez, un método de visualización e intención que puedes utilizar a fin de aplacar al ego.

Debes comprender que el ego es parte de ti y que deberías quererlo tanto como te quieres a ti. Para controlarlo, debes mostrarle tu amor, y cuando te lleguen ese tipo de pensamientos durante la práctica, podrás reconocerlos y aplacarlos al darte cuenta de que sólo se trata de pensamientos discursivos. Por ejemplo, en una ocasión observé a uno de mis estudiantes intentando replicar exactamente lo que le enseñaba en clase. En cada ocasión acababa arrugando el rostro como si pensase: «No lo pillo. Nunca podré moverme de ese modo». Eso, claro está, era su propio proceso de pensamiento discursivo. ¿Cómo deshacernos de él?

La atención es la única manera en que podemos controlar el ego. Citando al Buda: «Cuando sostienes una taza de té, sostenla y sigue haciéndolo mientras bebes». El Buda proporcionó orientación para cimentar la atención. La atención –como dijimos anteriormente– consiste en conseguir que la consciencia se concentre en el momento y el estado de ánimo presentes. La atención es una manera de controlar los pensamientos discursivos y de lograr que la consciencia se centre en la unicidad interior. La mente está en guerra con la charla mental y el ego. Al observar que la mente está siempre creando un diálogo interno de pensamiento discursivo, contamos con la posibilidad de observar cuidadosamente dichos pensamientos y comprobar lo que son sin juicios de valor. Una cosa que debemos comprender es que los pensamientos son sólo eso…, pensamientos. Te sientes libre al reconocer y liberar un pensamiento porque no es más que eso, sin voluntad, sensación, creencia o emoción. Así que suéltalo y date cuenta de que no eres tú.

Entonces eres libre para convertirte en observador en lugar de dejarte atrapar en tu actitud mental negativa. De este modo puedes elevarte por encima de las falsas creencias y saber que lograrás todo aquello en lo que se ponga a trabajar tu mente. Verás que en el *dojo* y en tu práctica no existen errores, sólo oportunidades para desarrollarse y ampliar la mente, el cuerpo y el alma.

«En nuestra consciencia hay muchas semillas negativas y también muchas positivas. La práctica consiste en evitar regar las negativas y en identificar y regar las positivas a diario.»* El pensamiento sólo es un hábito discursivo. El verdadero don es el discernimiento de la mente.

Alimentar las semillas

Puedes imaginar las semillas como el principio de tu periplo hacia la comprensión del *Kihon Happo*, que es la base fundamental del *budo*. Finalmente, gracias a las condiciones adecuadas, tus semillas empezarán a desarrollar las primeras raíces, que se anclarán a la tierra. Con los nutrientes apropiados y una energía natural facilitadora, verás que las semillas empiezan a crecer más allá de sus limitaciones iniciales al anhelar la energía y la luz naturales del sol. Sobre las semillas, debes tener en cuenta cómo necesitan los nutrientes adecuados y el compromiso de ser alimentadas, no sólo por la Madre Tierra, sino por parte de quienes se ocupan del huerto. Con las condiciones idóneas desarrollan fuertes raíces que crecen continua-

---

* En *La ira*, de Thich Nhat Hanh.

mente, dando paso a una mayor fortaleza. Eso, para mí, forma parte de la esencia del *budo*.

No obstante, inadvertidamente podemos proporcionar a nuestras semillas los nutrientes equivocados y las condiciones erróneas, y aunque sientes que progresas en la vida, en realidad lo que estarías haciendo es reprimirte. Si intentas alimentar tus semillas de *budo* con negatividad, ésta se manifestará de muchas maneras. Lo sé por experiencia personal. Si has estado alimentando las semillas con negatividad, no sólo has de tomar la elección de desarrollarte, sino también de buscar la felicidad a través de la iluminación. Nuestro instinto primordial de destruir y cazar no es la realidad de la esencia humana. No es más que una ilusión. El monólogo interior negativo puede acabar estando tan afilado como una hoja, y puede llegar a cortar con igual limpieza… a través de tu ser. Muchos alimentan sus semillas con pensamientos y acciones negativas y siguen siendo inconscientes de su propia naturaleza.

La esencia del *budo* es ver la verdadera naturaleza de la realidad en la sexta dimensión y no solamente a través de lo que tocamos. El vacío está en tu interior, es tu yo divino. Aunque tu ego te sitúe por delante de quienes te rodean, te pido que mires con los ojos del místico en lugar de con los del mercader, que sólo está interesado en objetivos materiales. El mayor pecado que puede cometerse en la tierra es la negación del espíritu divino eterno.

Si se lo permites, las semillas de los celos, de la cólera y del odio crecerán en tu interior, y cuanto más te dejes seducir por las falsas creencias de otros que ya han alimentado sus propias semillas de negatividad, más probable será que acabes produciendo todo un bosque de negatividad. Ésta es destructora, y en algún momento se manifestará en el *dojo* y en tu vida y acabará por destruirte desde el interior. Es importante que comprendas qué es la consciencia y que sepas que cuando te haces consciente de tus pensamientos negativos es mejor transformarlos que negarlos o intentar destruirlos.

¿Por qué te esfuerzas continuamente en ganar cuando ese ganar no reportará más que sufrimiento a otras personas? ¿Por qué juzgar cuando no tienes derecho a juzgar a nadie más que a ti mismo? Al juzgar a otros estás negando la debilidad en ti mismo y colocándote por encima de los demás. Cuando lo haces, das la impresión de ser maleza del jardín. A pesar de poseer una forma bella, la "maleza" crítica es destructiva por naturaleza a causa de la codicia y la malignidad. Cuanto más fuertes se tornan tus semillas internas gracias a un aporte nutritivo adecuado mediante los pensamientos, las acciones y las condiciones propicias, menos probable es que acabes siendo objetivo de aquellos que alimentan semillas negativas. Descubrirás que recibes y devuelves únicamente positividad, que puede ayudar a transformar la negatividad a tu alrededor.

Sé consciente de tus pensamientos y acciones y alimenta tus semillas únicamente con amor, aceptación, felicidad y comprensión. Date cuenta de que todos estamos en el mismo viaje y que tratar de demostrar que eres mejor que los demás es precisamente el fertilizante que alimenta las semillas de la negatividad en el interior de tu espíritu. El *budo* tal vez sea la esencia de la vida y una expresión de la divinidad en tu interior, así que alimenta tu *budo* con los pensamientos y actos más puros, de manera que puedas comprender tu propia interrelación con el resto de la creación.

El *budo* es felicidad

Cuando entras en el *dojo* para practicar y aprender las diversas habilidades necesarias para la vida que te ofrece el *budo*, has de saber que es el único lugar en que no tienen cabida la religión ni las falsas creencias. Es el único lugar en el que inmediatamente puedes dejar tras de ti todo lo que está asociado con la lucha por la supervivencia y ser uno con tu mente, cuerpo y alma. No estoy diciendo que sea la *única* manera; es *una* de las maneras, pues puedes experimentar muchas cosas en otras disciplinas. Pero para aquellos que estudian el *budo*, es un momento en que es posible recibir y sentir verdadera felicidad. Experimentarás lo que es caer en la cuenta al comprender que realmente no necesitas ir en busca de la felicidad, pues la felicidad está en tu interior y sólo hace falta fusionar mente y cuerpo en el *dojo* para alcanzar el estado de nirvana.

Pregúntate a ti mismo cómo te sientes realmente en tu interior cuando has logrado algo en el *dojo* que pensabas que era imposible, o tal vez cuando has conseguido por fin hacer esa forma o *kata* de la manera correcta y con la sensación correcta.

Recibes lo que das

Uno de los sellos distintivos de las artes marciales es que requiere una gran inversión de esfuerzo en los aspectos físicos de la práctica. Tu práctica te proporcionará unos resultados estupendos, como puedan ser ponerte en forma, reforzarte y darte velocidad de movimientos, y de ese modo puedes forjar el cuerpo y convertirlo en una obra de arte en funcionamiento. Lo que debes recordar es que también has de invertir la misma dedicación y disciplina a la hora de desarrollar el espíritu para alcanzar en tu vida el mayor de los bienes posible. El sexto sentido se manifestará entonces de manera realista y dejará de ser cosa de hadas y videntes. Aunque sigas escéptico, descubrirás que dispones de una atención más consciente, y tanto si la denominas tu "observador", tu "conocedor" o tu corazonada, deberás enfrentarte al hecho de que lo que has desarrollado ha sido tu lado intuitivo en beneficio propio y del resto de la humanidad.

Piensa en ello seriamente: si comes demasiado, sin duda engordarás, te sentirás pesado y bajo de forma, y «recogerás lo que sembrases» (otra ley espiritual). Al meditar y hacerte uno contigo mismo y con la naturaleza, desarrollarás tu capacidad psíquica hasta su máximo potencial: tu cuerpo se moverá sin utilizar el pensamiento consciente. Y además podrás realizar elecciones vitales más sabias y elegir las vías más adecuadas en beneficio propio y de quienes te rodean.

Tu elección psíquica

Muy bien, así que te has forjado un espíritu indómito en el *dojo*, y has meditado y desarrollado tus sentidos intuitivos hasta el extremo de que tu *taijutsu* no utiliza el pensamiento consciente ni el movimiento selectivo. Te sientes relativamente feliz y compruebas de qué manera toda esta práctica puede llegar a alcanzar un clímax importante en el *dojo*… «Pero ¿y en la vida, qué?», te oigo decir. Bien, pues gracias a la práctica del *budo* o del arte marcial que hayas elegido, descubrirás que todo lo que sucede en el *dojo* es un reflejo de tu vida, como ya señalé antes. Pero toda esa práctica y desarrollo del sentido intuitivo puede ofrecerte grandes cosas en tu experiencia cotidiana.

Las elecciones más sabias están informadas por la intuición

Imagina que has decidido que quieres comprar un coche nuevo, pero en lugar de ir a un concesionario te das cuenta de que puedes obtener un precio mejor si compras uno de segunda mano a un particular. Has buscado en todos los periódicos y las páginas web que venden el tipo de coche que te interesa. Tras horas o tal vez días de búsqueda acabas encontrando uno que te encanta. Llamas al número de teléfono o envías ese correo electrónico que avisa al vendedor de que estás interesado en lo que ofrece. Obtienes una respuesta y lo arreglas todo para tener una entrevista con él y echarle un vistazo al coche. Te encuentras con la persona en cuestión y todo parece correcto. Da la impresión de ser buena persona y honrada. Sin embargo, en el momento en que estrechas su mano notas algo raro, y escuchas una voz en tu cabeza que te dice «es un vendedor profesional de coches». A continuación, recibes una imagen clarividente en la que ves el aparcamiento de un concesionario. ¿Qué haces? ¿Haces caso a esas vibraciones psíquicas o reniegas de ellas y corres el riesgo de acabar con una tartana? Ya ves que el universo ha respondido enviándote señales sutiles. Está en tus manos decidir si haces caso al aviso o no.

Sentir peligro

Obviamente, dispones de libertad para escuchar… o no hacerlo. Dentro de poco leerás algo acerca de un experimentado practicante de *budo*, antiguo estudiante de muchos maestros japoneses, que no hizo caso a esos avisos intuitivos. Tus vibraciones psíquicas están ahí para protegerte, y mantenerte libre de peligro; y no sólo a ti, sino también a tu familia y, a mayor escala, a toda la humanidad. El desafío al que nos enfrentamos es cómo reconocer esas pistas y señales sutiles que nos rodean cotidianamente. ¿Cómo sabemos que hemos recibido una advertencia? En mi trabajo anterior, *Powers of the Sixth Sense*,*

---

* Jock Brocas, *Power of the Sixth Sense: How to Keep Safe in a Hostile World*.

profundizo acerca de nuestra capacidad para sentir el peligro. Aquí añadiré lo siguiente: en el *dojo* nos entrenamos para aumentar nuestra atención, de manera que podamos protegernos de cualquier ataque. Ésa es la función de la intuición, amigos míos. Es mucho mejor prevenir que curar. Cuando ignoramos nuestros sentidos intuitivos, las consecuencias pueden ser desastrosas, como leerás a continuación.

Uno de mis estudiantes (Chris) me contó un incidente que sucedió en Fort William, en Escocia. Chris era estudiante de *budo* desde hacía muchos años y había pasado tiempo estudiando en Japón muchas disciplinas, incluyendo Bujinkan, que es la que eligió. Chris regresaba caminando desde el supermercado con una caja de víveres, cuando un grupo de tipos jóvenes empezaron a interponerse en su camino. La intuición le decía que cruzase la calle para evitarlos, pero él ignoró el aviso conscientemente. Después de todo, cruzar implicaría un desvío, y juzgó que se estaba tornando paranoico (se encontraba en una población pequeña, semirrural, no en un típico centro urbano). Al pasar junto a los muchachos del grupo, éstos le rodearon y uno de ellos intentó quitarle la caja de víveres, y luego agarró a Chris. Mientras, cometiendo otro error, Chris se agachaba para depositar la caja en el suelo, el gamberro le bloqueó la cabeza e intentó darle en la cara con la rodilla, al tiempo que el resto de aquellos degenerados le animaban a hacerlo. Chris se defendió y se deshizo del bloqueo. Por desgracia, adoptó una postura defensiva tipo *ichimonji* que incitó a los chicos a lanzarle algunos puñetazos mal dirigidos.

Por suerte, al final Chris pudo escapar. Llamó a la policía y se unió a ésta en busca de los atacantes. Encontraron a un integrante del grupo, que se quedó tan pasmado que informó acerca del resto de sus compañeros.

Chris recibió una señal muy clara de su intuición que decidió ignorar. Atribuye su desarrollo intuitivo a años de práctica de *budo* y meditación. Por desgracia, su ego machista le convenció de que no hiciera caso. Uno cuenta con libre albedrío para escuchar al ego o a la intuición. Yo sé qué elegiría.

Ejercicio: el peligro está cerca

Pongamos en práctica parte de este conocimiento participando en un ejercicio de peligro. No es un juego, pero podría ser una manera agradable de aprender lecciones muy valiosas que bien podrían acabar salvándote la vida. El desafío principal al que te enfrentarás es que las personas elegidas para transmitir una intención negativa deben saber crear y enviar de manera efectiva esa intención. Si no, este ejercicio no tendrá éxito. Así que para que funcione hará falta algo de preparación mental.

El organizador del ejercicio debe elegir una zona segura, pero que también transmita la sensación de peligro: la posibilidad de ocultarse, de tender celadas y una iluminación escasa ayudarán a crear el escenario. Entre los lugares indicados, están los parques, los aparcamientos oscuros y el extrarradio de las ciudades. Todo ello debe realizarse manteniendo un secreto total a fin de asegurarse de que el ejercicio discurra bajo condiciones científicas, que validen y apoyen tu intuición. También es buena idea que el organizador comunique a la policía el desarrollo del ejercicio a fin de evitar posibles falsas alarmas o malentendidos con la ley.

Una vez dispuesto el entorno, habrá que elegir quién realizará el ejercicio y quiénes conformarán la fuerza atacante. Los estudiantes elegidos para transmitir la intención negativa deben ser separados de quienes toman parte en el ejercicio. Deberán dedicar cierto tiempo a adoptar la mentalidad de un asesino, violador o terrorista. Tras prepararse adecuadamente, estos "cazadores" deben enviarse a sus posiciones emboscadas. Estos cazadores deben reforzar continuamente su negatividad mental para que ésta pueda transmitir con intensidad su intención de atacar al individuo débil e indefenso. Los estudiantes que han sido separados del contingente de cazadores han de ser informados de que van a participar en un ejercicio que implica moverse en la oscuridad. Han de ser conscientes de que se tratará de un ejercicio de *taijutsu* –no de uno que implique sentir–, por lo que no estarán preparados.

Hay que dar instrucciones a cada estudiante mediante condiciones muy estrictas, para que recorra un camino predeterminado. *Importante*: los cazadores *no* deben aparecer y atacar de golpe, sino que meramente transmitir la intención de matar. Si el estudiante puesto a prueba lo siente correctamente y se niega a continuar en una dirección concreta o le preocupa abiertamente recorrer cierta zona, entonces se trata de un acierto pleno. Si el estudiante no acaba de sentir nada, entonces hay que considerarlo como una puntuación negativa.

Este ejercicio debería ayudar a los estudiantes a reconocer su consciencia intuitiva de las amenazas. Aunque esta amenaza escenificada no sea real, sí que estará rodeada de una energía negativa muy auténtica. El estudiante que acierte a sentir ese peligro inventado será muy capaz de llegar a sentir cualquier peligro real.

Purificarse gracias a la práctica

Hay una escuela de pensamiento que sugiere que practicar *budo* es un rito de purificación: limpiar la mente y el cuerpo a fin de prepararse para un propósito más elevado. Es algo que sugieren algunos de los ritos que se practican al entrar y salir del *dojo*, así como el comportamiento disciplinado requerido en su interior.

Si estás a punto de entrar en un templo japonés, el procedimiento normal sería purificarte tú y tu energía con el humo del incienso que asciende formando volutas desde un incensario en la entrada. El tema es que el humo te limpiará y purificará de negatividad antes de entrar en un recinto sagrado. Es parecido al ritual de limpieza ritual utilizado por chamanes y amerindios. También nosotros tenemos nuestros métodos de purificación. Antes de dar una charla, rezo y a veces tomo una ducha mientras medito para purificarme. Al entrar en el *dojo* del *hombu* normalmente nos descalzamos. A mí me parece que eso también es un método para limpiar las impurezas del mundo exterior. Ya sé que muchos diréis que os quitáis los zapatos únicamente para proteger los *tatamis* (frágiles esteras de paja de arroz que conforman el suelo del *dojo*), pero pensadlo unos instantes y analizad lo que hacemos en el *dojo* antes de asentir o disentir. Al entrar en el *dojo*, hacemos una reverencia y mostramos respeto. Por lo general, a la entrada del *dojo* habrá un *kamiza* o *kamidana*, que es donde residen los dioses, o bien un templito de madera, reflejo de la divinidad. También habrá una vela y a veces una varilla de incienso quemando a fin de limpiar y purificar el lugar sagrado.

Hacemos lo mismo cuando meditamos e incluso cuando practicamos. Cuando formamos nuestras mentes y abrimos nuestro sexto sentido, elevamos de manera natural las vibraciones para limpiar y purificar mente, cuerpo y alma. Cuando sudamos en el *dojo* y movilizamos nuestras energías a través del esfuerzo físico que requieren algunas de las técnicas y *katas*, hacemos que los sentidos se activen y limpien en ese acto de unificación de todas las facetas de nuestro ser. Tal vez por eso nos sentimos tan bien después de practicar: limpios interiormente y dispuestos a enfrentarnos al mundo otra vez.

La importancia de escuchar la propia sabiduría interior

Connor era alguien muy espiritual y dedicado al camino marcial y el *bushido*. Intentó vivir la vida de un guerrero desde que tuvo la edad suficiente para elegir. Descubrió que cuanto más se dedicaba a aprender la sabiduría de los maestros del *budo*, más despertaba espiritualmente a su propia sabiduría interior y capacidades psíquicas.

Existe una aptitud a la que los médiums solemos entregarnos con cierta regularidad: la precognición en el estado de sueño, la capacidad de predecir sucesos o de recibir avisos mientras dormimos. Es una manera en que muchas personas reciben información, pero sólo unas pocas actúan siguiendo sus dictados.

Connor era alguien que había experimentado ese fenómeno con cierta regularidad, pero que nunca había escuchado ni reconocido que estaba recibiendo información desde un plano superior de sabiduría. En una ocasión, estaba pensando en dar un paso más respecto a "ser sólo buenos amigos" con respecto a una mujer que conocía. Un poco antes de eso empezó a tener dos sueños recurrentes: en uno descarrilaba un tren, que se precipitaba por un precipicio, y en el otro se encontraba en el *dojo*, siendo derrotado en un combate tras otro. Esos sueños, en esa época, podrían haber tenido varias interpretaciones, pero unas noches más tarde tuvo otro sueño. En esa ocasión observó un águila tratando de seguir una corriente de aire ascendente mientras se lo impedía algo indefinido que la retenía por la pata. Por desgracia, Connor no conectó los sueños con esa relación en ciernes porque los sueños tuvieron lugar cinco años antes de su interés en la relación. El romance empezó bien, pero se deterioró rápidamente y le resultó muy difícil salir del mismo sin sentirse herido.

Todos experimentamos sueños parecidos, pero la mayoría de nosotros no los recordamos al despertarnos, a menos que hayan sido muy vívidos. Ésos son los sueños que debemos recordar. A menudo les recuerdo a mis estudiantes que tengan a mano un diario de sueños junto a la cama. Si te desarrollas correctamente en el *dojo* y avanza tu comprensión del *budo*, entonces te abrirás de manera natural a una sabiduría superior, y con el tiempo podrás reconocerla. En algunos momentos de tu vida –sobre todo tras una sesión en el *dojo* especialmente iluminadora–, empezarás a soñar y recibir información de una sabiduría superior o de tu propia superconsciencia. Debes recordad esos sueños, pues guardan muchos secretos y respuestas a tus más ansiadas preguntas.

Salir victorioso

¿Qué significa la victoria para *ti*, o para cualquiera? En el *budo* o en las artes marciales se da por sentado que eres "victorioso" si te las arreglas para superar a tu oponente y le sacudes un puñetazo o una patada o le das con un arma, ya que esa acción puntuará. Cuantos más puntos obtengas, más opciones tienes de proclamarte vencedor al final del combate. En la vida consideramos que la victoria es conquistar algo o incluso logar un objeto que ambicionas. El problema es que se trata de una falsa victoria, totalmente basada en valores materiales.

La victoria en el *dojo* es más profunda: puedes salir victorioso al superar tus miedos en el *dojo* o, lo que es más importante, al lograr algo que antes no eras físicamente capaz de hacer. Imagina un estudiante que anda flojo en *ukemi* (caer y rodar defendiendo el propio cuerpo). Siente ese miedo interior que le impide realizar los *ukemis* de forma adecuada. Siente un temor irracional a lesionarse, y eso es un reflejo de su vida. Si persevera en su práctica, un día será capaz de ejecutar un *ukemi* perfecto. ¿No sería eso salir victorioso? Demostraremos ser muy cortitos si creemos que la victoria sólo es un producto secundario del conflicto.

En el *budo* o en cualquier otro arte marcial, la victoria se alcanza cuando uno adquiere dominio del yo. Ése es nuestro verdadero objetivo, y es lo mismo que se busca en la religión o a través de cualquier otra práctica espiritual que sigamos. Deseamos alcanzar el dominio del yo, la sinergia de todos nuestros sentidos, incluyendo el sexto, que resulta de la unificación cuerpo, mente y alma.

Así pues, puedes realizar una comparación entre el *dojo* y la vida. En nuestras vidas, siempre nos esforzamos por conquistar nuestros miedos, por superar nuestras emociones negativas y enfrentarnos a lo que pudiera destruirnos... Igual que en el *dojo*. También podrías ir más allá y darte cuenta de que toda la vida *es* un *dojo*, y que si sales victorioso de algo pequeño en tu práctica, se reflejará también en los éxitos que alcances en la vida. Uno de mis estudiantes se las arregló para superar muchas cosas en su propia vida, convirtiéndose ahora en el vencedor y no en el derrotado.

«Inicié mi periplo en el *ninjutsu* hace unos 20 años, en mi Liverpool natal. Empecé asistiendo a clases con un *shodan* amigo mío. La primera vez que enseñó cómo atarme el cinturón, me prestó el suyo para practicar. Me dijo que ésa era la primera y última ocasión en que llevaría un cinturón negro. Como por entonces era muy joven, mi ego seguía siendo un problema, así que eso me alteró.

»Me sumergí en la práctica, pero las palabras de mi amigo parecieron ser proféticas, pues nueve meses más tarde sufrí un infarto cerebral leve que me impidió seguir con mi vida normal. Al recuperarme de ese problema, no volví a practicar *ninjutsu* por alguna razón, sino que probé con otros estilos, aunque nunca el tiempo suficiente.

»Durante esa época tuve la suerte de conocer y casarme con una mujer maravillosa. Nos trasladamos a las Tierras Altas de Escocia y fundamos una familia. Como suele suceder en ese tipo de situaciones, mi motivación y tiempo libre para practicar se evaporaron. Por desgracia, me vi además indispuesto por un prolongado problema hepático que empeoró hasta el punto de que tuve que iniciar diálisis peritoneal. Me insertaron un catéter en la cavidad abdominal, pero a lo largo del proceso se declaró la peritonitis. Esa afección estuvo sin diagnosticar durante mucho tiempo y me condujo a las puertas de la muerte. Tras ser sometido a una operación de urgencia, acabé en una máquina de diálisis, aunque la enfermedad ya había destrozado los nervios de brazos y manos, dejándome con una escasa capacidad de movimiento o sensibilidad.

»Los nervios empezaron a crecer de nuevo lentamente, pero

los médicos nunca estuvieron muy seguros de la cantidad de movimiento que podría recuperar. Durante los largos meses que permanecí separado de mi familia, mi pobre esposa pasó una temporada muy dura ocupándose sola de nuestros hijos y preocupándose por mí. Yo toqué fondo y decidí luchar. Decidí que, una vez que mis brazos se hubieran recuperado lo suficiente, volvería a practicar artes marciales.

»Meses después, Steven, mi hermano mayor, demostró ser lo suficientemente valiente y cariñoso como para donarme un riñón, lo cual mejoró mi salud enormemente.

»Mucho antes de que mis brazos se recuperasen, mi cariñosa esposa vio un anuncio acerca de una práctica basada en técnicas samuráis y *ninjas*, aquí, en las Tierras Altas. Y no sólo eso, ¡sino que el profesor estaba encantado de aceptar estudiantes incapacitados! Coincidencia o destino, no podía dar la espalda a esa oportunidad. Me puse en contacto con Jock y me preparé para mi primera lección. Durante las siguientes semanas me vi animado y llevado al límite, y descubrí que, incluso con mis limitadas capacidades físicas, ¡podía hacerlo! Gracias al apoyo de mi familia y a la ayuda de mis nuevos amigos a la hora de practicar, mejoré mis saltos y rebotes, reforzándome corporal y mentalmente.

»Al cabo de unos años de seguir las rigurosas enseñanzas –físicas y espirituales– de Jock, me descubrí siendo una persona muy distinta del joven que iniciara su periplo en Liverpool. (¡con menos pelo, para empezar!). Estoy más fuerte y siento más confianza en mí mismo que nunca antes. También soy más capaz de ayudar y animar a los estudiantes, demostrándoles lo que pueden superar en el *dojo* y en la vida. Ahora disfruto de mi maravillosa familia y de mi vida al máximo, a pesar de mi discapacidad.

»A principios de año, John, otro estudiante, y yo nos unimos a Jock para realizar un viaje hasta Harstadt, en Noruega. El propósito del viaje era asistir a un intensivo de una semana de práctica física y espiritual, que todo el mundo disfrutó mucho. La retroinformación del seminario fue excelente. Al final del mismo me vi poseyendo el anhelado cinturón negro. Ha sido toda una peregrinación, con momentos muy interesantes a lo largo del camino. Me siento muy agradecido a mi familia y a mi profesor (amigo) Jock. Una parte de mi periplo ha finalizado, y ¡encaro confiado lo que queda del mismo por delante!»

ANDY SAUNDERS

Las relaciones que forjas con otras personas se derivan de manera natural de esta victoria y control del yo, y el respeto que se va creando en el *dojo* se refleja en aquellos con los que te cruzas fuera del mismo. El respeto se refleja entre un maestro y un estudiante, y también en tu interior. Si no puedes respetarte a ti mismo, entonces no respetarás a los demás, por mucho que creas estar haciéndolo. Una señal de respeto en el *dojo* no significa solamente empezar con una reverencia al principio de la clase o cuando te enfrentas a un compañero con el que estás a punto de practicar. El respeto empieza en el preciso minuto en que consideras prepararte para practicar. Imagina que has estado practicando durante un tiempo y que llega un estudiante nuevo. La mayoría de la gente –es algo que yo también he hecho– piensa que está por encima de las técnicas básicas, y por ello no le tienden una mano amiga, como debería suceder. Ese comportamiento contenido le está negando al estudiante nuevo incluso un mínimo de respeto. Si pensásemos que nosotros también estuvimos en esa situación, demostraríamos algo de cariño hacia el estudiante de la manera debida: siendo epítomes del respeto. Podríamos darnos libremente de manera que otros pudieran aprender. Y, desde luego, nosotros también aprenderíamos mucho en ese proceso. Todos tenemos algo que enseñar. Un profesor es estudiante de un maestro, que comparte su conocimiento y nada más. No está bien colocarnos en un pedestal. Siendo humildes nos mostramos respetuosos para con nuestros propios maestros.

Trascender los conflictos marciales

Por desgracia, en las artes marciales existe mucha rivalidad, tanta que puede llegar a reflejar los conflictos existentes entre algunas de las grandes religiones mundiales. Las religiones son creación del ser humano, no un regalo divino, como algunos afirman. Igual que sucede en las artes marciales, quien sigue su religión de elección cree que ése es el *único* camino y que todos los demás que no siguen *el camino* serán condenados eternamente. Esta actitud da paso a la cólera, el resentimiento, la violencia y –en el peor de los casos– a la guerra. ¿Quién puede afirmar que alguien que elige otro camino será condenado eternamente? No tenemos ese derecho. ¿No formamos todos parte de la misma chispa divina y fuerza creativa del universo? ¿No es cierto que todos los caminos llevan a la misma fuente? ¿Cómo es posible entonces que uno se equivoque al elegir un camino distinto del nuestro? ¿Es que Jesús o el Buda –ambos seres humanos reales– enseñaron religión y separación? No. Vinieron para enseñar amor a la humanidad, perdón y unidad con la fuerza creativa del interior del universo, resultando en el dominio de uno mismo. Ahora bien, espero no pasarme de listo en esta cuestión, pero ¿no se parece eso al camino del *budo*?

Así pues, y en esencia, ningún camino es "correcto" o "erróneo", pues no existe verdadera separación o división entre las religiones, aunque muchas de ellas se han visto sobrecargadas de creencias dogmáticas que controlan a través del miedo y el castigo.

Por desgracia, nosotros también, en las artes marciales, hemos declarado nuestra particular yihad (guerra santa), para demostrar quién es mejor y qué estilo es el más eficaz. Sin embargo, al igual que sucede con la religión, el principal objetivo del *budo* y del arte marcial debería ser el autocontrol. Con ese fin deberíamos ir más allá del materialismo y la debilidad autodestructiva y artificial, abriéndonos de par en par a nuestros dones espirituales. Deberíamos permanecer indivisos, comprendiendo que todos tenemos un papel que desempeñar y algo que enseñar a fin de convertir este mundo en un lugar armonioso en el que vivir.

Epílogo

El *budo* y las artes marciales no están separados de los aspectos intuitivos del yo ni tampoco de nuestras vidas individuales. Nuestra intuición o capacidades psíquicas son la llave con la que podemos abrir la puerta del autocontrol: el objetivo esencial del guerrero. Es importante comprender que el "eslabón perdido" no está realmente perdido, pues todas las respuestas están en nuestro interior. Al igual que ocurre con la práctica física en el *dojo*, abrir una puerta requiere dedicación y esfuerzo, así como iniciar el camino del cambio y el autodescubrimiento.

Al desarrollar las facultades intuitivas no sólo estamos aumentando nuestras posibilidades de sentirnos seguros en un mundo hostil, sino que también elevamos nuestras vibraciones hasta el extremo de que revelamos los secretos ocultos del *budo*. Descubrimos los métodos necesarios para unificar la mente, el cuerpo y el alma, fusionados para funcionar como un único ser integral. Nos elevamos por encima de la mediocridad y las creencias materialistas que nos mantienen prisioneros. Discernimos la belleza del mundo invisible y observamos la divinidad en la naturaleza. Nuestra propia espiritualidad se forja armoniosamente mediante la disciplina física y mental en el *dojo*. No seguimos dogma alguno, sino que escuchamos el corazón que late en el *budo*. La victoria no se obtiene al destruir a un enemigo: eso es "ganar". La victoria se descubre en tu crecimiento y dominio personal en el interior del *kukan* (vacío), resultando en la unidad de mente y cuerpo.

Hay que comprender una importante lección: el sexto sentido no es un don reservado a videntes, médiums, magos, curanderos o la élite espiritual. El sexto sentido no existe únicamente para unos pocos elegidos que acceden a información divina oculta utilizando herramientas igualmente ocultas. Se trata de un don ofrecido por Dios a todos los seres humanos. Es innato y es la llave que nos abre a las gemas invisibles del universo. Dispones de la capacidad para decidir si desarrollas esos dones o no, pero dado que la elección puede significar la diferencia entre vida y muerte, ¿existe realmente algo que elegir?

El *budo* es mucho más que aprender a luchar; es aprender a aplicar lecciones aprendidas en el *dojo* a la totalidad de nuestras vidas. Si abrimos nuestros ojos internos, nuestras experiencias en el *dojo* podrán enseñarnos mucho sobre la vida y sobre cómo lidiar con los desafíos cotidianos que conlleva. La vida *es* un *dojo*, y las virtudes que hay que desarrollar en su interior pueden señalarnos el camino hacia un mundo más seguro y pacífico.

Bibliografía

Bolelli, Daniele. *On the Warriors Path*. Berkeley, California: Blue Snake Books, 2008.

Brocas, Jock. *Power of the Sixth Sense: How to Keep Safe in a Hostile World*. O Books, 2008.

Hanh, Thich Nhat. *Anger*. Nueva York: Riverhead Trade, 2002. [Versión en castellano: *La ira: el dominio del fuego interior*. Barcelona: Ediciones Oniro, 2004.]

–. *Peace is Every Step: The Path of Mindfulness in Everyday Life*. Nueva York: Bantam Books, 1991. [Versión en castellano: *Hacia la paz interior*. Barcelona: Plaza & Janés Editores, 1993.]

–. *The Miracle of Mindfulness*. Boston, Massachusetts: Beacon Press, 1975. [Versión en castellano: *Cómo lograr el milagro de vivir despierto*. Barcelona: Edicions Cedel, 1995.]

Hatsumi, Masaaki. *Essence of Ninjutsu: The Nine Traditions*. Columbus, Ohio: McGraw-Hill, 1988.

–. *Ninjutsu: History and Traditions*. California: Unique Publications, 1982.

–. *Ten Ryaku No Maaki*.

Kaufman, Stephen F. *Musashi's Book of Five Rings*. Rutland, Vermont: Tuttle Publishing, 2004.

McTaggart, Lynne. *The Field: The Quest for the Secret Force of the Universe*. Gran Bretaña: HarperCollins Publishers, 2003. [Versión en castellano: *El campo: en busca de la fuerza secreta que mueve el universo*. Málaga: Editorial Sirio, 2006.]

Sheldrake, Rupert. *The Sense of Being Stared At*. Nueva York: Three Rivers Press, 2004. [Versión en castellano: *El séptimo sentido: la mente extendida*. Málaga: Vesica Piscis, 2005.]

Sobre el autor

Jock Brocas es un famoso vidente y médium que combina de forma única la espiritualidad con las enseñanzas del *budo*. Jock ha sido practicante de *budo* durante muchos años y ha sido orientado por muchos y excelentes maestros, tanto espiritual como físicamente. Está convencido de que el poder del *budo* puede ofrecer las claves para mejorar la propia vida. Considera que los aspectos de combate del camino marcial son sólo una pequeña faceta de la práctica, y cree que la mente es la mejor arma. Para ser más efectivos, mente, cuerpo y espíritu deben pasar a convertirse en una única unidad espiritual. Jock enseña y da conferencias regularmente en talleres que se organizan por todo el mundo, concentrándose en la manera tan potente en que las lecciones de la vida que se obtienen a través del *budo* pueden servir para fomentar la vida del espíritu. Nuestra espiritualidad nos permite superar obstáculos y así lo demuestra, independientemente de las propias creencias, la raza o el estado de salud. Todo el mundo cuenta con un poder innato que puede pasar a formar parte de lo que hace que el mundo sea un hermoso lugar en el que vivir. Más información en www.bookofsixrings.com.

editorial **K**airós

Puede recibir información sobre nuestros
libros y colecciones o hacer comentarios
acerca de nuestras temáticas en:

www.editorialkairos.com

Numancia, 117-121 • 08029 Barcelona • España
tel +34 934 949 490 • info@editorialkairos.com